科学决策

[英] 克里斯·格兰特 ◎ 著　　梁金柱 ◎ 译
（Chris Grant）

BETTER DECISIONS

Direct your life. Influence your world

中国科学技术出版社

· 北 京 ·

Better Decisions: Direct your life. Influence your world.by Chris Grant/ISBN:9781781319673.
Copyright©2020 Quarto Publishing plc.Text©2020 Chris Grant.
First published in 2020 by White Lion Publishing,an imprint of The Quarto Group.
Simplified Chinese translation copyright 2023 by China Science and Technology Press Co.,Ltd.

北京市版权局著作权合同登记　图字：01-2023-1286。

图书在版编目（CIP）数据

科学决策 /（英）克里斯·格兰特（Chris Grant）著；梁金柱译
. -- 北京：中国科学技术出版社，2023.6
书名原文：Better Decisions: Direct your life.
Influence your world
ISBN 978-7-5046-9975-6

Ⅰ . ①科… Ⅱ . ①克… ②梁… Ⅲ . ①科学决策—通
俗读物 Ⅳ . ① C934-49

中国国家版本馆 CIP 数据核字（2023）第 038110 号

策划编辑	赵　嵘	
责任编辑	杜凡如	
版式设计	蚂蚁设计	
封面设计	创研设	
责任校对	邓雪梅	
责任印制	李晓霖	

出　　版	中国科学技术出版社	
发　　行	中国科学技术出版社有限公司发行部	
地　　址	北京市海淀区中关村南大街 16 号	
邮　　编	100081	
发行电话	010-62173865	
传　　真	010-62173081	
网　　址	http://www.cspbooks.com.cn	

开　　本	710mm×1000mm　1/16	
字　　数	142 千字	
印　　张	8.75	
版　　次	2023 年 6 月第 1 版	
印　　次	2023 年 6 月第 1 次印刷	
印　　刷	北京华联印刷有限公司	
书　　号	ISBN 978-7-5046-9975-6 / C·225	
定　　价	59.00 元	

（凡购买本社图书，如有缺页、倒页、脱页者，本社发行部负责调换）

目　录

引言 / 1

第1章　做决策没有那么难 / 7

第1课　决策权 / 10

第2课　顺其自然 / 14

第3课　开放式问题还是封闭式问题 /20

第4课　做决策还是做出决策 / 24

第2章　决策的形成过程 / 31

第5课　决策的全过程 / 34

第6课　要做什么 / 38

第7课　为什么要做 /44

第8课　怎么去做 / 48

第3章　制定战略 / 55

第9课　　天文学 / 58

第10课　　考古学 / 62

第11课　　地理学 / 68

第12课　　审时度势 / 72

第4章　齐心协力 / 79

第13课　　集体的智慧 / 82

第14课　　分享权力 / 86

第15课　　团队成员的需求 / 92

第16课　　一锤定音 / 96

第5章　认识你自己 / 103

第17课　　照照镜子 / 106

第18课　　无知的价值 / 110

第19课　　决策的场所 / 116

第20课　　超脱自我 / 120

参考阅读 / 126

后记 / 127

引 言

"更好的决策"意味着更好的结果。只要你能提高自己的决策水平，就能达成自己所期望的结果，这是理所应当的。若非如此，你也不会选择本书。

然而，我无法保证你做出的所有决策都能获得成功，想必你也不会为此感到惊讶。即使是经过精心谋划和执行，最终也有可能做出错误决策。因此，决策是一门艺术。不过，对于做决策而言，仍然存在着行之有效的原则和技术。因此，决策也是一门科学。

本书提供的观点和技巧旨在帮助你保持决策和结果之间的平衡。你或许很想知道这些技巧是在工作中更有用，还是在生活中更有用，而答案取决于你自己。

和其他人一样，我自己在生活中也面临着做各种决策的情况。我将从各种各样的经历中吸取的经验融入本书。由于工作的原因，我有机会观察、协助和领导了大约2000个学习小组和领导团队。一路走来，我摸清了那些更高效的小组的决策模式。

我也有很多机会反思自己所做的，或目睹的，不尽如人意的决策，本书的20堂课既包括那些成功决策的经验，也包括那些失败决策的教训。

由于决策是我们生活的核心，因此有大量的传统谚语可供借鉴，其中许多谚语包含着可以互相印证或者互相矛盾的信息。"不入虎穴，焉得虎子"很有道理，但"三思而后行"也很有道理。本书第1章阐明了什么时候应该对某一种方法给予更多的重视，并鼓励你反思自己做过的决策。

当然，有许多决策是微不足道的，但有些决策却是意义重大的。它们可能会影响你自己、你的家人、你的同事，甚至整个社区。做某些决策时，你可能需要几个月的时间深思熟虑；但做另外一些决策时，你可能根本无暇思考。我的观点是，所有决策都有相同的特征。本书第2章就介绍了这种特征，并鼓励你将自己做决策的过程分成3个不同的阶段，分别是：要做什么、为什么做、怎么做。

在本书的核心部分第3章，我列出了一些准则和方法，帮助你抓取和整理支撑决策的数据。在实践中，我将指导你去寻找自己周围和内心的线索，学会表达你内心的秘密。

但是，如果做决策或受决策影响的人不只有你自己时，又该怎么办呢？第4章探讨了与他人一起做决策的优势和挑战。另外，本章还会教你如何识别和克服一些影响团队效率的典型障碍。

你是一个理性的人还是感性的人？我的答案是："两者皆是。"当然，你完全可以反驳：你怎么知道我是由理性驱动的还是由情感驱动的？你甚至可以说，我觉得感性和理性的重要性都比不上第三种力量——直觉。

我们都有大脑、心脏和直觉。在决策时，三者之间的任意组合都可能发挥作用。我们可能会对其中的一个偏爱有加，但其实它们都是可用的。更加清醒地认识到如何以及何时使用它们中的每一个，可能是

> 我们都有大脑、心脏和直觉。当你需要做决策时，三者之间的任意组合都可能发挥作用……更加清醒地认识到如何以及何时使用它们中的每一个，可能是开启你做出更好决策的潜力大门的钥匙。

开启你做出更好决策的潜力大门的钥匙。这就是为什么自我意识不仅是贯穿全书的主线，还是第5章的核心。

正如我所说，成功没有绝对的保证，但有一件事是你可以做的——接受第5章中的建议：通过在现实生活中做决策，验证这20堂课中介绍的观点和技巧，使其成为你个人的经验。这样才能让学习的重点不局限于构建"知识体系"，而是使你自己真正有所收获并且受益。

但这一切应该由你来决定。

决策既
艺术，
门科学。

是一门
也是一

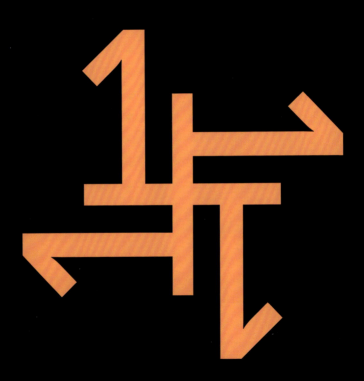

第1章

做决策没有那么难

第1课 决策权
树立做出决策的信心。

第2课 顺其自然
有时不做决策效果更好。

第3课 开放式问题还是封闭式问题
同样的决策，不同的表述。

第4课 做决策还是做出决策
做出决策意味着放弃其他选项。

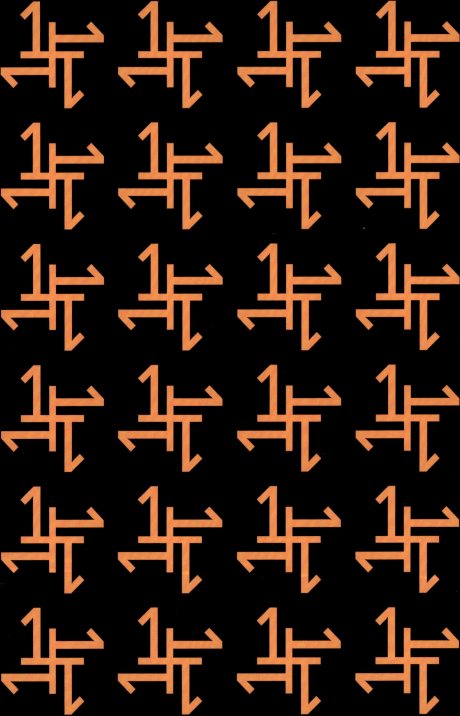

纵观历史，每个部落和民族都曾为了获得或维护自决权而战。

为了生存和发展，人类需要什么？显而易见，食物、住所和安全排在榜首，他人的陪伴、亲密感和归属感也当属其中，紧随其后的是自尊和选择的自由。纵观历史，每个部落和民族都曾为了获得或维护自决权而战，而在职场上和等级制度中，地位和权威是由我们可以做出的决策来衡量的。在我们的成长过程中，我们必须等到一定年龄后，才能自主决定某些事情。

我们做出的决策定义了我们的生活，但在研究如何做出更好的决策之前，我们需要重新定义什么是决策，这也是本章的重点。

也许一些重要决策胎死腹中的主要原因是，可以做决策的人不相信自己有这样的能力。在第1课中，我们将探讨如何培养我们的决策能力和运用这种能力的信心。为了实现一定的平衡，避免陷入过于狂热的境地，第2课将探讨为了节省精力或更好地统观全局，我们在哪些情况下可以暂时顺其自然，不做决策。在第3课中，我们将会关注描述决策的不同方式，不同的选择有时候可能会是一条捷径，有时候则会让我们误入歧途。在第4课中，我们将总结做决策和做出决策之间的区别，并用雕塑家、厨师和一位非常著名的侦探的例子来帮助我们增强决策的信心，或者缩小决策的范围。

我们还鼓励你思考你过去做过的一些决策，以及摆在你面前的其他决策，而且我们也会在书中重新审视这些决策。

第1课　决策权

有人说，我们的决策定义了我们是什么样的人，并能够改变我们周围的世界。也有人认为，我们的人生是由我们的基因或教养决定的。还有人指出，别人的决策左右着我们，我们不过是在别人的电影中扮演着路人甲的角色罢了。

实际上，这些人的说法都是对的。无论我们谈论的是整个人生、一个工作项目，还是如何度过我们的午休时间，其中有些事情是别人为我们决定好了的，有些事情是由我们自己来决定的。

我们的决策可以超越我们身处的环境。被判处终身监禁的纳尔逊·罗利赫拉赫拉·曼德拉（Nelson Rolihlahla Mandela）和与他一起被关押的犯人们，为了保持健康和提升士气，决定学习交际舞。仅仅是做出并执行这样的决策，就表明无论处境如何，囚犯们仍然相信至少在某种程度上他们有权决定自己的生活。

在社会科学中，"能动性"（agency）一词被用来描述我们做出决策并贯彻执行决策的能力。而限制我们决策能力的环境和因素被称为"结构"（structure）。最终，我们感知和管理这两种力量之间相互作用的方式，决定了我们的午休时光、项目完成或生活的质量。

能动性和结构可以分为由我们自己决定的内部因素和由他人决定的外部因素两部分。

问题的关键不在于我们决策的质量，

能动性

能动性（由内部因素驱动） 例如：知识	结构（由内部因素驱动） 例如：不安全感
能动性（由外部因素驱动） 例如：许可	结构（由外部因素驱动） 例如：规章制度

而在于我们是否能够或愿意做决策。当然，总会有一些因素是我们无法控制的，但我们的影响力往往比我们以为的大。

马克斯·德普雷（Max De Pree）经营着一家办公家具公司，是"仆人式领导力"运动的倡导者。顾名思义，仆人式领导力的一个核心特征是谦卑。因此，他在《领导力是一门艺术》（*Leadership is an Art*）一书中，发表了一个令人震撼的大胆声明："领导者

的第一要义是定义现实。"

德普雷的建议是，无论是领导一个团队、一个家庭、一个社区还是我们自己，领导力全来源于能动性。领导者能成为领导者，是因为他不只是接受环境的影响，而是通过决策塑造环境。

无论你是否认为自己是一个领导者，或是否有这方面的抱负，能动性是做出更好决策的一个必要的前提条件。相信自己

结构

有权利也有能力做出决策，这需要一定程度的自信，这种自信可能是自然而然产生的，也可能是需要你付出一些努力才能建立起来的。

能动性和自我肯定

我们需要经常提醒自己，能动性是释放我们决策潜力的关键所在，因此我们需要像锻炼肌肉一样努力提升我们的自信。

如果你问一位优秀的健身教练如何增肌，他会建议你重复进行有针对性的练习。那么，针对自信心的练习就是发表一个关于我们自己作为决策者的积极宣言，并反复写下来或说出来，使它在我们的意识中扎根。如"我可以做成任何我想做的事情"

这样的自我肯定，这样做可以提升自信和塑造积极的心态，但也可能招致怀疑，甚至带来失败和信心不足的感觉。

当宣言与我们的实际感受或认知之间存在太大的差距时，通常会引发负面效应。除此之外，如果你还给自己增添了一份责任重担——我这样做只是因为有人告诉我要这样做——那么整个练习会使你感觉非常虚假，实际会起到适得其反的效果。

为了绕过第一个陷阱，请通过回忆你的亲身经历来进行下述练习，并用你自己的话来发表宣言；为了绕过第二个陷阱，我们要清楚，是否进行这个练习完全是自愿的。

如果你喜欢自己最终得出的答案，可

（1）如果你想为自己迄今为止的人生写一部自传，并想在其中加入一章，介绍你曾经感到自己相对有"控制力"的一段时期，这一章的标题会是什么？这个标题可以与你当时正在应对的问题有关，也可以与你当时的感受有关。

（2）列出你在这一时期做出的一些决策。如果只想到一个，就把那一个写下来。

（3）用两三个词来描述你在这一时期，感觉最好的一天或最积极的时刻。

（4）想象一下，此刻你正处于那个最积极的时刻。如果有人问你感觉如何，以"我觉得……"开头的句子来回答，回答中要包含上面第（3）条中的词，或者受其启发而联想到的其他词。

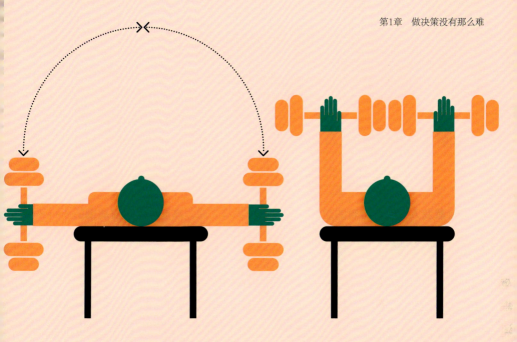

以尝试把它写下来，或偶尔大声喊出来。这样，你就创造了你自己的自我肯定宣言。它只属于你，所以你可以随心所欲地使用它。

让我们再来看看曼德拉的例子。他是家里第一个读过中学的人。他一生都活在基于黑人低人一等的观点而建立的社会中。对他而言，这是一个很不利的社会结构，对于发挥能动性来说，这不是一个非常有利的环境。然而，曼德拉在1952年发表宣言说："我将成为南非的第一位黑人总统。"42年之后，这一宣言成为现实。看到了吗？这就是自我肯定的力量！

+ 练习

这个练习旨在训练你"定义现实"的能力：

写下你在未来几个月内必须做出的3项决策，以及你希望本书能为做出这些决策提供哪些有用的线索。你要做出的不一定是改变人生的重大决策，也可以是琐碎的决策。当然，在选择写下哪些未来要做的决策时，你实际上也是在做决策。同时，你也在寻找一种可能性，即在你阅读的过程中，本书所提供的课程内容会与你产生共鸣，因为它们都与你的选择密切相关。换言之，你将定义一个不同的现实。

有些时
做决策
策更好。

候，　不
比做决

第3课　开放式问题还是封闭式问题

你愿意回答一个开放式的问题还是一个封闭式的问题？

如果你的答案是"开放式"，那说明你被误导了。开放式的问题应该是这样的："你最喜欢别人问你什么样的问题？"

我上面的问题给了你两个选择，虽然你可以做出决策，但只能在我限定的选择范围内。

如果以托马斯·霍布森（Thomas Hobson）为榜样，我可以对你进行更多限制。巅峰时期，霍布森拥有40多匹马，他

独特的运营模式给第一次来的顾客留下的印象是，他们可以有很多选择。但是，当顾客到店时却被告知，他们要么不选，要选的话只能选择马圈门口的马。"霍布森选择"这个说法就是这样来的，意思相当于"你要就要，不要拉倒"。

可以想象，有些人会对此感到不满。但他们的抱怨并不十分公平。霍布森保证了无论哪匹马出场，都是健康和充满活力的，他这样做是为了让顾客避免犯错（毕竟，霍布森比任何人都更了解这些马的能

力）。霍布森还为顾客节省了检查和挑选40匹马的时间并且避免了麻烦，以及免除了顾客在这些马之间做出选择的痛苦。

有时，作为决策者，我们需要更多地释放自己内心的"霍布森"。没错，你可以问一个笼统的、开放式的问题："我们要做什么？"但是，根据情况的不同，有时问一些封闭式的问题可能更有用。比如"我们该做这件事还是那件事"，甚至是霍布森式的问题"我们要不要做这件事"。

一个开放式的问题需要你调动创造力和解决问题的能力，并且需要你付出更多的努力。对于封闭式问题，则省去了这些

烦恼。

除了决策本身所具有的挑战性外，判断一项决策是开放式的还是封闭式的，应考虑其重要性和做出决策所需的时间等因素。开放式问题要求对所有选项进行更全面的考虑，从而减少遗漏选项的可能性。封闭式问题通常可以比开放式问题得到更快、更简洁的回答。

设定决策框架

这一部分我们关注的技巧是设定决策框架。

我们一直都在设定决策框架。然而，

就像人们在艺术馆里参观时，很少会关注自己正在看的画作是用什么木头或金属材质装裱的一样，一般来说，我们很少会注意到自己是用什么方式来做决策的。

在《决策框架和心理选择》（*The Framing of Decisions and the Psychology of Choice*）一文中，阿莫斯·特沃斯基（Amos Tversky）和丹尼尔·卡尼曼（Daniel Kahneman）探讨了决策表述方式的改变如何导致了我们对相同数据的不同理解，最终得出截然不同的结论。

决策的性质不同，决定了表述方式的差异。与本书中的许多其他方法和技巧一样，我们实际采用的决策方式往往是习惯、偏好和性格特征造就的结果，而非根据具体案例的本身情况。这就是为什么本书的最后一章将重点讨论"更好地了解自己"的

方法。如果能更好地了解自己，我们就会注意到自身有一种倾向，即我们把决策定义得很乐观（"我怎样才能得到……"）或很悲观（"我怎样才能避免……"），又或是把重点放在眼前的行动上（"我该怎么做……"）或最终目标上（"我怎样才能实现……"）。

设定决策的结构框架，其目的是确保我们既不过度简化事情，在没有明确好选择的情况下提出封闭式问题，也不过度复杂化事情，在两个答案中明显有一个更好的答案时提出开放式问题。

能够从开放式问题切换到封闭式问题，然后再切换回来的技巧是很有用的。把一个开放式的问题作为一个封闭式的问题来表述，是处理大量信息的捷径。把一个封闭式的问题表述为一个开放式的问题，可

	开放式问题	封闭式问题
示例	我该怎么做？	我该做 X 还是 Y？
	我该去哪里？	我该去 A 还是 B 还是 C？
决策 1		
决策 2		
决策 3		

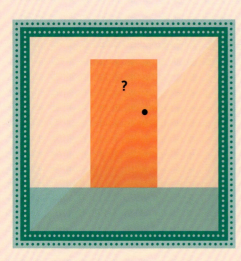

以揭示新的可能性，并表明你所受到的限制并不像自己想象的那么多。

在第1课中，我已经让你确定了在未来几个月中必须做出的3项或大或小的决策。现在，你能够以开放式问题和封闭式问题的形式来描述它们吗？

一旦你掌握了这两种方法，就可以开始将它们综合起来使用。例如，绘制下面这样的决策树，有助于你确定决策框架。

有多少个可能的答案？			
很少		很多	
清不清楚选项？		定义开放式问题	
清楚	不清楚	集思广益，寻找可能性	
定义封闭式问题	列出选项	对可能的答案进行组合	
	评估选项	有多少组可能的答案？	
		很少	很多
		定义封闭式问题	评估选项
⋮	⋮	⋮	⋮
↓	↓	↓	↓
决策	决策	决策	决策

第4课　做决策还是做出决策

做出决策不同于做决策。

做出决策往往发生在一个特定的时刻。而做决策可能要花上几分钟、几小时、几周，甚至几年的时间。做决策是一个过程，它有一个起点、一个中间点和一个终点。做决策的终点是做出决策。这就是为什么本书中的大部分课程的内容都是关于我们在做出决策之前应该做的事情。

我们每天都要做出数以百计的决策。其中许多是例行公事或不重要的决策，这不算是坏事，因为我们永远不可能有足够的时间来做所有的决策。但是，当面对重要或复杂的决策时，停下来思考是一种自然反应。这表明，我们生来就能认识到，如果自己能更多地关注做决策的过程而非做出决策的结果，那么我们做出的决策就会更理想。

的确，即使我们已经做出了决策，也仍然有机会调整，或改变主意。然而，大多数决策意味着对其他可能性的否定。在对一件事说"是"的同时，意味着对其他事情说"不"。

有时，我们对一项决策的孤注一掷会"扼杀"所有其他选择。"扼杀"一词是不是有点言重了？没错，但也很精辟。英语中决策（decision）的名词形式与切割（incision）一词有着相同的词根（-cision）——意为"刀割"；而决策的动词形式（decide）与自杀（suicide）和杀虫剂（pesticide）有着相同的词根（-cide）——意为"杀死"。难怪许多人在面对一项重要的决策时都会犹豫不决：做决策就像用刀切掉不需要的选项，而这把刀感觉就像悬在我们自己的头顶一样。

任何厨师都知道，如果用刀的话，锋利的刀不仅比钝刀更好用，而且更安全。为什么呢？因为使用一把锋利的刀，你更有可能报以敬畏之心。而且，你不需要像用钝刀时那样乱砍一通，也不需要冒手滑的风险。优秀的厨师会精心保养自己的刀，而且一般都会使用自己带的刀。

同样，做决策和做出更好的决策所需的技能就如同厨师的刀一样，也是因人而异的。本书提供的观点和技巧旨在帮助你开发一套常伴身边的更全面、更高效的决策工具。无论是在面对日常生活中的小选择，还是在面对影响人生的重大选择时，这些工具都能发挥作用。

从说"不"到说"是"

做决策就如同制作雕塑，有两种基本方法可以让你完成作品：做加法和做减法。

大多数现代雕塑家使用的工艺是做加法，即把材料组合起来，或是浇注到铸件中。而传统的雕塑家使用的方法是做减法，他们通过切削原料——通常是石头或木头——让作品慢慢"呈现"出来。如果你观察做减法的雕塑家的创作，不管他们的创作主题是什么，你会看到一个人的形状或一匹马的形状，从大理石或橡木块中显现出来，作品下方则堆着一堆废弃的碎屑和刨花。

本书中的大多数决策方法和技术可以说都是在做加法。这意味着将数据、意见、想法和其他要素组合起来，从而形成一项决策。但是，我们有时也可以采用做减法的方式，排除掉"否定"的因素，以实现更快的决策。

你也可以把这理解为一个使用排除法的过程。它类似于侦探们所采用的方法。这一行业最著名的小说家之一阿瑟·柯南·道尔（Arthur Conan Doyle）写道："我不是曾经告诉过你很多次吗？曾经和你说过多少次，当你把绝对不可能的因素都排除以后，剩下的无论是什么——无论是多么难以置信的事——那就是真相。"——《四签名》（The Sign of Four）

当然，要做到道尔说的这一点，科学的方法是先要列出所有可能的推测，然后再着手进行排除。但是，即使是福尔摩斯

也不免会有更相信自己直觉的时候。除了直截了当的逻辑推理之外，我们还有其他形式的智慧可以使用。获取智慧最简单的方法之一，就是加快事情的进展，不去考虑精确性或想法的合理性。

做一项决策，并想象你将执行这项决策。比方说，有人对你提议说：你可以用任何方式来庆祝你的下一个生日（费用不是问题），条件是你要清楚地描述出自己想做的事情。

与其考虑你想要什么，不如从6个你不想要的东西开始思考，然后快进到"是"。诀窍是尽可能快地写下7个答案，不要去考虑它们是否合理。毕竟，其中的6个都是你要排除掉的。

不，我不想要……
不，我不想要……
不，我不想要……
不，我不想要……
不，我不想要……
不，我不想要……
是的，我就想要……

把同样的技巧用于一两项你现在或将来必须要做出的真实决策中。哪怕你凭直觉得出第一个"是"为不对的答案，也没关系。花几分钟时间思考你从回答是"不"的答案中删掉的东西，也许它们可以为你指明方向，找到你内心中真实的选择。

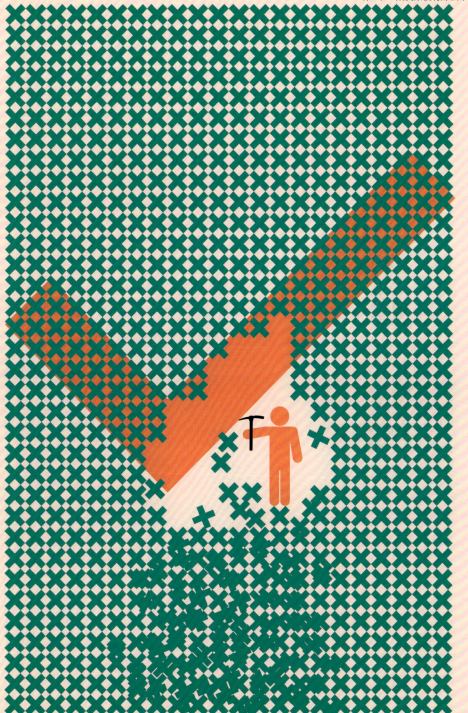

工具包

01

　　做出决策并贯彻执行需要我们有"能动性"意识。虽然可能存在一些外部限制，但这在很大程度上取决于我们的自信程度，而信心可以随着时间的推移逐渐建立。

02

　　不做决策有时会更好。当下我们可能还没有掌握足够的信息，或者即使我们不做出决策，事情可能也会向有利的方向发展。即使我们不处于决策模式时，也要对周围发生的事情保持关注，这能使我们在需要做决策时更好地做出决策。

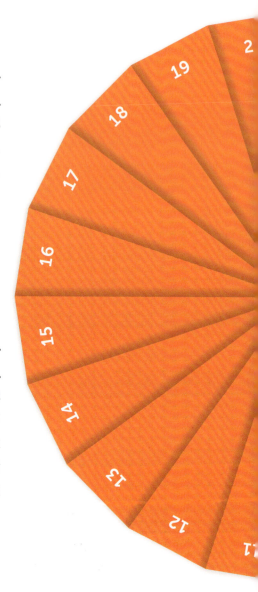

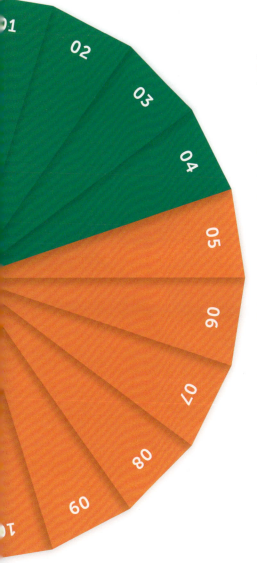

03

对一项决策的不同表述可能会使得出结论变得更容易或更难，使做出好的决策的机会增加或减少。了解你自己的默认做法或习惯性做法是很重要的。只要能取得更好的结果，你可以选择不同的路径。

04

做决策通常意味着放弃一些选项。有时，在最终做出决策之前，先想一想你不想要什么，这很有帮助。

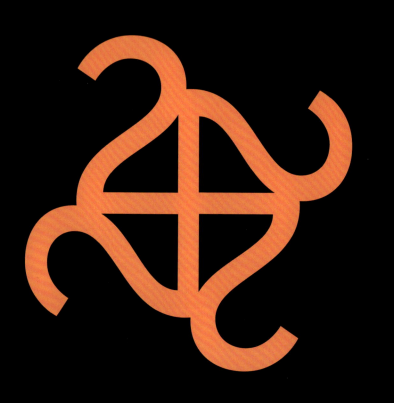

第2章

决策的形成过程

第5课 **决策的全过程**

形成决策的3个步骤。

第6课 **要做什么**

收集我们可以得到的所有数据。

第7课 **为什么要做**

规律和主题可以指向我们的决策。

第8课 **怎么去做**

在我们采取行动之前，是否真的已经做出了决策？

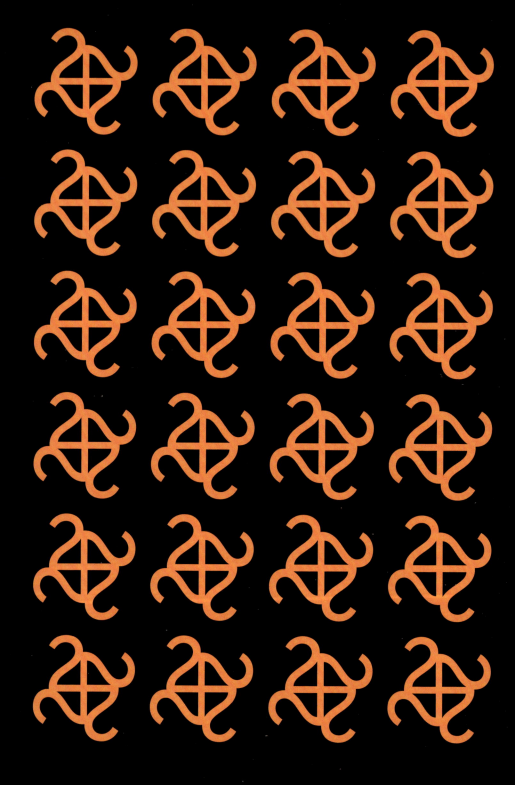

做决策所需的相关数据不会从天上掉下来。我们需要主动出击，把它找出来。

决策效率高等同于果断，这听起来似乎很有道理。但果断往往意味着仓促下结论。实际上，一个优秀的决策者绝对不会这样做。

这是一个大胆的观点，因此为了证明它，让我们来听听有史以来最伟大的决策者之一爱因斯坦是怎么说的：

如果我有一个小时来解决一个与我性命攸关的问题，我会花55分钟来确定该问的问题，因为一旦我知道了正确的问题，解决它根本用不了5分钟。

爱因斯坦有着惊人的工作热情，因此他不建议我们简单地注视着窗外，祈祷灵感能从天而降。在前面的55分钟里，或者在可用于决策的大部分时间里，不管是几秒钟、几周或是几个月，都有大量的工作要做。

做决策所需的相关数据不会从天上掉下来。我们需要主动出击，把它找出来。一旦得到这样的数据，我们需要对其进行整理和分析，看看它对我们有何启发。

当决策事关重大的时候，开始着手做整理和分析，会让人感觉像是在一个有可能分心或完全迷路的地方兜圈子。因此，我们需要一张"地图"来确定我们真的是在朝着一个可靠的解决方案前进。

本章通过记录决策的形成过程来树立信心。第5课为概述，我们将详细了解形成决策的3个步骤。在第6课中，我们将学习如何在收集数据的过程中，不急于做判断。在第7课中，我们将学习从不同角度分析数据，看看从中能得到什么启发。在第8课中，我们最终迎来了选择的时刻。一旦你熟悉了这些步骤，决策就会变得水到渠成，你就能获得和爱因斯坦一样的自信。

第5课　决策的全过程

不同的决策在性质和内容上天差地别。然而，无论你要做出的是无足轻重的日常决策，还是事关重大的、改变人生的决策，都可以使用统一的流程。它可以指导你完成团队会议中15分钟的议程项目；向潜在客户进行1小时的介绍；对职业选择进行为期3个月的研究；开展重大的组织改革项目；和家人讨论客厅的装修颜色。这个流程的灵感来自一个简单的三阶段过程图，它可以概括几乎所有东西的制造过程。

然而，我们的决策过程并非一条简单

输入	处理	输出
原材料	制造过程	成品

的直线。的确，理想情况下，决策应该有一个确定的起点（一个问题或挑战），并达到一个明确的终点，但在这两者之间，需要营造一个挖掘信息和想法的空间，然后我们才能稳妥地做出决策。

如果用图形表示，决策的过程看起来像这样：< = >。

每一个符号都是一个一目了然的视觉线索，说明该步骤是什么，以及如何实现它。

< 有一个唯一的起点，然后据此展开，我们可以填入数据，从而为我们的决策提供信息。

= 保持空间开放，以便于我们检查数据，看看有什么发现。不急于下结论，但也注意边界，防止我们偏离当前的任务。

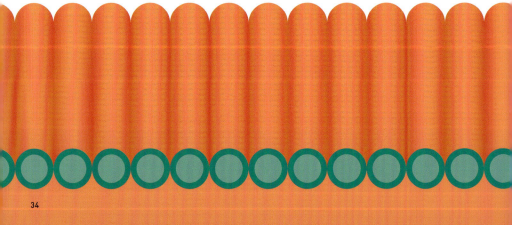

> 排除一些选项，并缩小选择范围，直到得出一个明确的结论。

从技术上讲，这3个步骤可以被描述为发散（<）、涌现（=）和聚合（>）。然而，用与每个步骤相关的问题和活动来定义它们，可能更令人印象深刻，更能使其发挥作用。

< 要做什么?

有哪些事实、想法和背景因素可以为决策提供依据?

这一步的活动是"收集"，即让尽可能多的数据发挥作用。

= 为什么要做?

数据显示的含义、相互关系和优先级是什么?

这一步的活动为"思考"，包括对数据进行分类和评估，寻找规律并权衡潜在后果。

> 怎么去做?

结论和决定是什么?

这一步的活动为"选择"。

三者共同构成了一个完整的流程，不过，每个步骤都需要使用不同的技能并且分配精力。

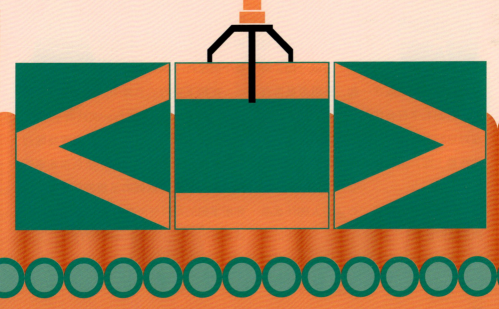

选择会耗
而确定性
省能量。

费精力，
则可以节

第7课　为什么要做

执行"要做什么"的目的是在你开始分析数据之前尽可能多地收集数据。但是，人类习惯于寻找规律，有一种自然而然地想跳过简单的数据收集步骤的冲动，结果却发现自己会按照主题和层次整理数据。

到了第二个阶段，你可以服从于这种冲动了。现在，是时候思考你收集的信息并寻找其意义了。但这时还不到需要做出最终选择的时刻，因此你仍然承担得起尝试的代价。

我们很容易把"为什么要做"看成一个计算的过程，或者更狭义地看成一个审计过程：你只需要把数据整理成几栏，评估成本和效益，然后选择收益最大和成本最少的选项。

这种方法也许有用，但是，通过更仔细地研究栏目中不同数据之间的联系，你需要在收集的数据中找出有意义的线索，并将这些线索编织成一个连贯的故事，这将把你带到决策的大门前。

当你开始这个过程时，你不知道它将产生什么见解。于是，这便是第5课中所提到的"涌现"。你所拥有的且置于你体内的，是一种发现联系和构建深刻理解的能力。作为人类，我们的"超能力"之一是创造意义，我们通过讲故事和参与对话来做到这一点。

西奥多·泽尔丁（Theodore Zeldin）在他的《对话》（*Conversation*）一书中对此做了非常精彩的诠释：

对话是拥有不同记忆和习惯的思想之间的碰撞。当思想相遇时，它们不只是交换事实，它们还会改变事实、重塑事实，从事实中得出不同的含义，并形成新的思路。对话不只是重新洗牌，而是创造了新的牌。

在决策过程中，我们或许没有机会与其他人进行对话。但我们可以做的是，即使我们独自工作，也可以采取与自己对话

便利贴（post-it note）是"为什么要做"阶段的有效工具。为了使某些想法真正"涌现"出来，你需要对它进行检验，这就意味着要对不同的想法进行排列组合，同时避免得出一个明确的结论。便利贴本身就是一个在发现过程中涌现出来的产物。便利贴使用的胶水是斯潘塞·西尔弗（Spencer Silver）在1968年意外发明的（他当时正在试图发明一种超强的黏合剂）。直到6年后，斯宾塞在3M公司的同事阿瑟·弗莱（Art Fry）才想出在小纸片上使用这种虽然黏力不强但有弹性的黏合剂，这样他就可以在书页上做笔记而不损坏书页。

登记在案。如果有其他人也参与其中，那么会议记录中的表述，或者你事后发出的电子邮件，实际上就形成了决策。一个团队对已经决定的事情的共同理解和清楚认识，决定了这个团队的效率。同样，团队的行动是否体现了最佳选择也会影响团队的效率。

行动的英雄

在巴黎最时尚地区的核心位置，随便走进一家咖啡馆都有可能碰到一两位名人。然而，在20世纪50年代，如果你想见到西蒙娜·德·波伏娃（Simone de Beauvoir）或让-保罗·萨特（Jean-Paul Sartre），首先要去的地方是双叟咖啡馆（Les Deux Magots），如果你没见到他们，可以去隔壁的花神咖啡馆（Café de Flore）碰碰运气。

作为存在主义的先驱，萨特和波伏娃断言，人类通过自己的选择定义自己，甚至不选择也是一种选择。人类"注定是自由的"，因此理应"对'他们所做的'一切负责"。无论是为了自己还是为了他人，人类都必须面对自己的选择所造成的后果。

无论你是否同意我们的选择定义了我们这一观点，都很难反驳下述观点：每一项决策都试图塑造事件、影响环境或人。然而，如果有关的决策只是内心的一个想法、我们说的一些话，或者是会议记录中的内容，那么这一观点就不能成立。萨特以他著名的惜字如金的方式总结到："承诺是一种行为，而非一句话。"

许多人都承认这个道理。一种常见的情况是，大家似乎就某个行动或改革做出决策并达成了一致，但是每个人仍然以一种一成不变的方式做事情。在这种情况下，难免会对人们违背了当初的决策而生出许多抱怨。也许更准确的说法是，如果没有付诸行动，那决策根本就没有被真正做出过。这同样适用于下定决心去减肥，而这些决心从来没有完全转化为诸如我们实际上午餐吃什么，或者我们去了多少次健身房这一类的实际行动。

因此，本节课的建议很简单：当我们需要在短时间内做出重大决策时，应该有效利用"冷静期"。但是，如果我们在到达最后的"怎么去做"阶段之前已经成功完成了"要做什么"和"为什么要做"两个步骤，立即采取行动是完成决策最有效的方式。

工具包

05

　　做决策意味着收集数据，思考数据的意义，然后选择如何进行下一步。无论我们用于做决策的时间是几秒还是几个月，将时间和精力分配到"要做什么""为什么要做""怎么去做"三个步骤中是值得的。

06

　　当我们花时间观察周围，或者思考决策时，我们通常会发现有相当多的数据可以利用。尽可能多地收集这些数据，同时抑制自己评估和解释这些数据的冲动，为做出一项好的决策奠定基础。

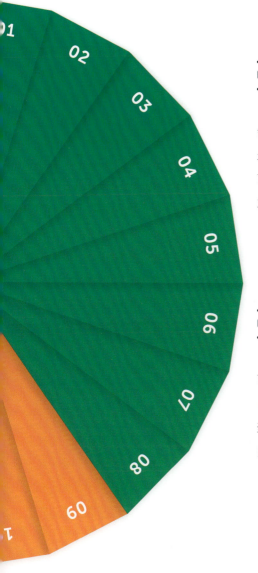

07

当开始整理和思考数据时，我们往往会发现一些规律和主题，它们可能为我们最终的决策指明方向。接纳和理解复杂性可以帮助我们找出通往正确答案的捷径，或避免意外的后果。

08

当我们最终做出决策时，重要的是尽可能清楚地将它表述出来（哪怕只是对我们自己），并以实际行动来跟进它。如果做不到这一点，那么可以说我们还没有真正做出决策。

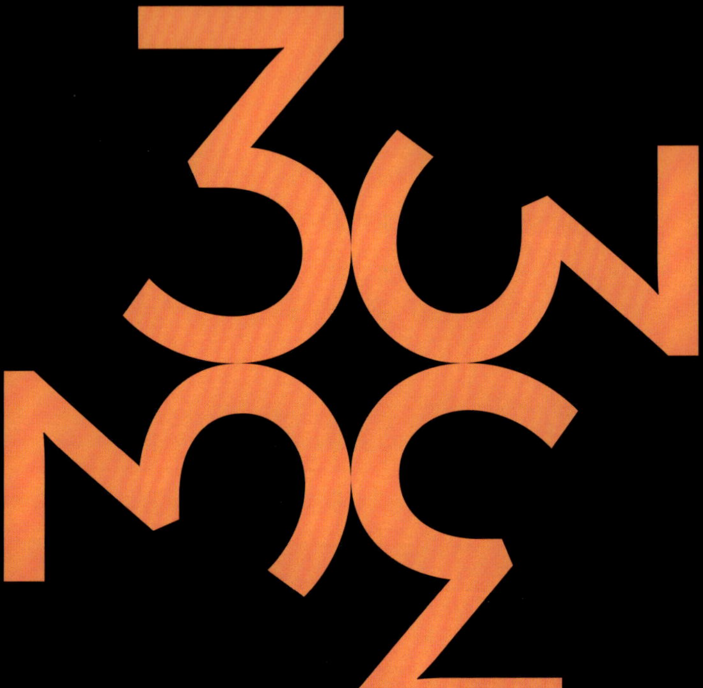

第3章

制定战略

第9课　天文学

你真正想去的地方是哪里?

第10课　考古学

明确目的地，你的个人动机和价值观就会变得清晰。

第11课　地理学

检查环境和你自己的设备。

第12课　审时度势

寻找最佳时机。

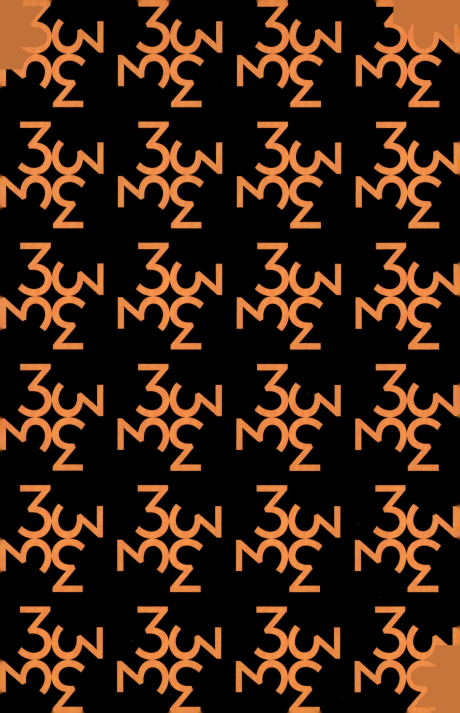

制定战略是远观大局的行为，也是近看细节的行为。

20世纪90年代末，《卫报》（*The Guardian*）刊登了一则广告，广告从3个不同的角度拍摄了同一场景。在第一个镜头中，我们看到一个人正从一辆汽车边上跑开，他似乎正在受到攻击；第二个镜头是从他身后拍摄的，我们看到他正向一个人跑去，似乎要攻击那个人；第三个镜头是一个更广角的镜头，我们看到一捆砖头正从吊车上掉下来，他正飞奔过去帮助另一个人脱离危险。广告有一句点睛之笔："只有当你看到了整个画面，你才能完全理解发生了什么。"

制定战略是远观大局的行为，也是近看细节的行为。这个行为就像高尔夫球手在挥杆前蹲在三四个不同的地方观察果岭的轮廓；就像登山向导在出发前查看天气预报和绳索的磨损程度；就像父母在选择置业的社区之前，仔细研究交通线路和当地学校的状况。战术关乎事物本身，而战略则关乎事物之间的关系。

在本章中，我们将从3个不同的角度来研究战略制定本身。在第9课中，我们将上知天文（天文学）；在第10课中，我们将下晓地理（考古学）；在第11课中，我们将纵横四海（地理学）。然后在第12课中，我们将把相机镜头拉回全景，看看欣赏"全局"能如何帮助你做出决策。

本章不会试图确定"战略"是什么。这方面的书汗牛充栋，哪怕你随便读5本，都会看到5种不同的定义。

我们更关注的是动词而不是名词。一个更好的决策者可能没有明确的战略，但他拥有制定战略的能力。

第9课　天文学

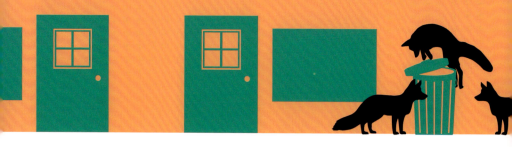

狐狸多知，而刺猬有一大知。

——希腊诗人阿基洛科斯

（Archilochus）

狐狸和刺猬不同的身体特征和所处地形环境，赋予了它们不同的机会和挑战。

刺猬只能吃它们靠鼻子找到的东西，如虫子、毛毛虫等。由于跑不过那些想吃它们的生物，如猛禽，还有狐狸，它们的防御方式是把自己蜷缩成一团，用尖锐的棘刺保护自己。无论刺猬身处城市还是乡村，都有着差不多相同的行为。

狐狸则会根据环境改变自己的饮食、睡眠模式，甚至改变自己的"害羞"程度和与其他动物（如人类）接触的意愿。

刺猬有策略，但狐狸是个策略家。

人也是天生的策略家，但与狐狸和刺猬不同，我们渴望和需要的不仅仅是食物、睡眠和安全。对此最著名的描述莫过于美国心理学家亚伯拉罕·马斯洛（Abraham

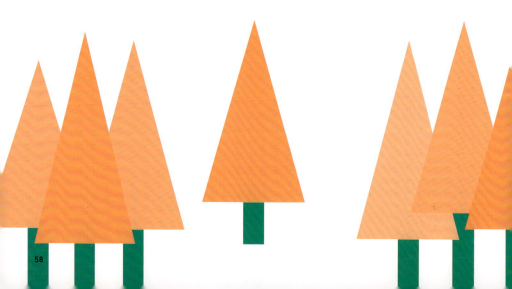

Maslow）于 1943 年发表的需求层次理论。马斯洛承认"生理"和"安全"方面的考虑是排在首位的，但接着指出，爱、归属感、自尊和成就也是健康且幸福生活的基本要素。

马斯洛需求层次理论的金字塔顶端需求是实现我们的潜力，他称为"自我实现"。人类是探索者和成就者。我们一直在寻找意义和方向，当拥有这两样东西时，我们会感觉很愉悦；当缺少这两样东西时，我们会感到迷失。"我要去哪里"和"为什么这很重要"并非哲学家的专属问题，大多数人会时不时地思考这两个问题。

这两个问题非常简单，因为它们是我们做出所有决策时要问的好问题。在引导我们的注意力不局限于我们眼前的东西时，它们要求我们"少做刺猬，多做狐狸"。它们鼓励我们拥有更全局的眼光，因此，从根本上说，它们都是战略性的问题。

这些问题存在的风险是它们并不明确，可能会让我们迷失方向。不过，幸运的是，

战略关
之间的

乎事物
关系。

第11课　地理学

你已经通过上观天象确定了"北极星"的方向和目的地，也已经向下挖掘，确保自己可以按照自身经验行事，而不会被"包袱"绊倒。现在，在你做出决策并开始执行之前，是时候环顾四周，评估一下地形，确认一下天气预报，检查一下背包，确保你有合适的装备。有效的策略家也必然是优秀的地理学家。

在其对地理学的定义中，美国国家地理学会强调了双重关注，即关注自然和关注人文。一些地理学家可能会单一地关注前者（自然地理学）或后者（人文地理学），但策略家会对两者之间的关系感兴趣。

地理学是对自然以及人与环境之间关系的研究。地理学家既探索地球表层的自然现象，也探索分布在地球表层的人文现象。他们还研究人类文化如何与自然环境互动，以及自然和环境对人们的影响。地理学追求探索的事物在哪里被发现，它们为什么在那里，以及它们如何随着时间的推移而变化。（引自国家地理学会）

在数字时代，卫星技术意味着地球上几乎不存在未被探明的地方，因此你也许会认为"世外桃源"已经成为历史。但实际上，海岸线和河道在不断发生变化，这意味着地图不能及时反映最新情况。城镇、城市及其景观都在改变，因此使用老旧的地图可能存在风险。同样的风险也存在于你的决策之中。社会规范、市场和时尚都在变化，人们的偏好也在变化，任何因素都可能影响你的选择。

因此，你有必要绘制自己的最新地图。如果你打算这样做，你可以向那些绘制远古地图的人学习。在世界大部分地区还未被开发的时候，地图不只告诉旅行者该走哪条路，还会标出需要避开的地区，也会指明身处这些地区时要提高警惕，以及标记一些有用的地点，以便人们补充给养、寻找淡水或与可能提供庇护的友好人士联系。以类似的方式，策略家或决策者也会努力识别和定位他们周围的无益因素和有益因素，以便选择最安全、最快速的路径实现期望的结果。

从 SOFT 分析到 SWOT 分析

想象你正在计划一次史诗般的公路旅行。基于你的时间和你想看的具体景点等因素，有几条路线可供你选择，但在做出选择之前，你还需要考虑旅行使用的车辆。

它的可靠性如何？它能装载多少天的物资？充满电或加满油后，它能走多远？

将外部的和内部的两部分内容绘制在一张地图上，它可以成为战略洞察力的丰富来源。20世纪60年代，管理顾问阿尔伯特·汉弗莱（Albert Humphrey）发明了一个强大的体系来帮助解决这一问题。

在领导一个企业规划过程的研究项目中，汉弗莱注意到，他所研究的组织认为重要的因素可以分为4类：现在好的为满意（Satisfactory）、未来好的为机会（Opportunity）、现在不好的为错误（Fault）、未来不好的为威胁（Threat）。

随着时间的推移，人们发现这种SOFT分析法有重大缺陷，这限制了它作为规划工具的价值。SOFT分析法没有区别组织的

因素和组织周围环境的因素。如果把"满意"改成"优势"（Strengths），"缺点"改成"劣势"（Weaknesses），这个问题就得到了解决，也为我们提供了一种珍贵的商业分析模式，即现在已经被广泛使用的SWOT分析法。

SWOT分析法广泛运用是理所当然的，这主要是因为它在非常简洁的公式中同时抓住了"内部与外部"和"现在与未来"两个同等重要的维度。有人说，SWOT分析法实际上只是一个头脑风暴的工具，过于肤浅，无法体现"分析法"这个名字的价值，但从策略家的角度来看，这种批评并未切中肯綮。

SWOT的合理性并不一定取决于深入研究。它主要的价值只需通过提出问题就

可以显现："我在这个决策方面的优势和劣势是什么"和"外部的机会和威胁是什么"。

一旦你确定了这些问题的答案，就可以提出进一步的问题，以产生更深入的见解。

· 我有哪些优势能使我有能力利用特定的机会？

· 我有哪些劣势警示我应该注意避免某种特定的威胁？

· 如何平衡机会和威胁？

· 是否有任何威胁或劣势的影响过大，以至于我需要先单独解决掉它们，才能接受更全面的挑战？

第12课　审时度势

大量的数据给人的感觉或是一种祝福，或是一种诅咒。你既希望数据能涵盖所有的角度，又希望数据能具有连贯性，清楚地指向最佳决策。你不可能通过观察单独的一块拼图，就找出摆放它的正确位置。更有效的做法是将所有的拼图放在一起查看。如果你的方法得当，几乎就等同于看到了拼图包装盒上的图片。

"审时度势"一词出自2500年前的古籍《孙子兵法》。该书的中心思想之一是，每一种局面都蕴含着不同的潜在能量。有些能量与你的目标一致，而有些能量则与你的目标相左。区分不同的能量并不是纯粹的智力过程，它意味着你需要调动你所有的感官并全面把握当前的态势。

孙子把这种将更广泛、更深入的感知转化为决策和行动的桥梁称为"势"。他把这种神秘能量的运用比作"木石之性……方则止，圆则行"。孙子兵法中善于用兵作战的将军，或者我们这个时代优秀的决策者，都知道什么时候应该轻轻推一下"圆形的石头"，从而触发积极的态势。

学习"势"的一种方式是玩叠叠乐，游戏规则为：玩家先把积木堆成18层，每层3块。游戏的玩法是玩家轮流从塔的下层抽出一块积木，并将其放到塔顶。随着游戏的进行，下层会出现空隙。塔会变高，也会变得不稳。在整座塔倒塌之前，最后一个把积木放到塔顶的人便是赢家。

如果我们把游戏目标换成单纯地把塔搭建得越高越好，使它成为一种协作努力行为，那么整个团队要么成功要么失败。但是如果一些团队成员以前玩过这个游戏，这往往会成为一个劣势，或"包袱"。因为团队其他成员往往会向他们寻求预先的指导：例如，决定只从每一层的3块积木中抽出中间的那一块。然而，这是一种刺猬式的策略（见第9课），而且无谓地限制了积木可以搭建的高度。

成熟的叠叠乐玩家就像狐狸，他们会制定灵活的策略而不会死守一个固定的策略。他们会观察塔的四周，小心翼翼地试探，最终找到一块最适合抽出的积木。这需要玩家完全沉浸当下，因为每抽出一块积木都会对其他的积木产生或释放压力。本来可以移动的积木现在变得不可移动，而原来卡住的积木变得可以轻易抽出。

在叠叠乐游戏中，成功来自对"全局"

采取行动，并对现状进行测试，使其向理想的方向发展。在现实生活中制定策略也是如此。当你从各个角度研究局面时，你就会发现压力点和可行的因素是什么。

力场分析法

许多决策都是从一种局面（当前）转向另一种局面（理想的未来）的努力。通过第9课到第11课的练习，我们可以找出有助于达到目标的因素（"北极星"、优势、"遗产"），或阻碍我们的因素（劣势、"包袱"、威胁）。

但是，就像玩叠叠乐一样，我们可能会发现事情比积木塔更不稳定。一个行动可能会消除看似障碍的东西，或者创造一个新的障碍。因此，为了看清整体和部分，我们需要一个更精巧和灵活的框架，那就是"力场分析"。

力场分析法的创始人库尔特·勒温（Kurt Lewin）是团体动力学领域的先驱。他不以黑白分明的方式看待事物，而是努力寻找细微的差别和暗流。他的见解是，当前的形势是各种力量结合的结果，其中一些力量可能会推动形势向理想的方向发展，但也有一些力量会制约它，甚至将其

推向不利的方向。

如果说人们认为"SWOT"分析法不算是一种分析方法，那么"力场分析法"就应该远不止一种分析法，因为它不仅能帮助你描述一个局面，还能使你以不同的方式看待局面，并改变局面。

在力场分析法中，问题出现的顺序很重要。首先定义预期的未来状态，建立属于你自己的"北极星"。首先思考未来也意味着，在考虑问题2时，你可以用新的眼光看待当前的形势，也许那时你就会发现一些你只想着"摆脱当前局面"会错过的东西。

问题3和问题4鼓励决策者不要把影响他们情况的因素看作静态的"因素"，而是将其看作动态的"力量"，通过利用或削弱这些力量，使现状朝着理想的方向发展。问题5侧重于特定的力量，而不是整体的力量，这使决策者能够注意处理挑战或机会的一个局部，可能打开局面，也可能无意中制造新的障碍——就像叠叠乐游戏一样。

力场分析法

（1）你期望的未来是什么?

（2）当前的形势是什么?

（3）在当前形势和期望的未来之间存在哪些可能会拖后腿或让事情开倒车的力量?

（4）在当前形势的背后，有什么力量可以推动事情的发展?

（5）可以采取什么行动来削弱问题（3）中特定力量的影响，
并利用或增强问题（4）中的特定力量?

工具包

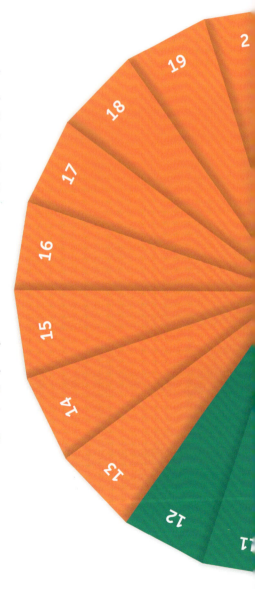

09

　　当知道自己的目标是什么的时候，你更容易做出一项好的决策。克制我们当下的冲动，并且找到属于我们自己的"北极星"，能帮助我们把看似困难的决策变成容易的决策。

10

　　如果决策与执行决策的人的历史和特点相契合，那么这些决策将更加可靠。了解自己的"遗产"和"包袱"，它们将帮助你做出适合自己的决策。

11

　　对外部环境的清晰审视，结合对自身优势和劣势的客观评估，能为前进提供非常有用的方向标。

12

　　整合数据，使你自己能看清部分和整体。审时度势才能使你有更好的机会以自己想要的方式影响局势。

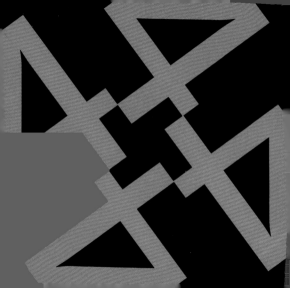

第4章

齐心协力

第13课　集体的智慧

团体可以成为强大的决策机器。

第14课　分享权力

究竟由谁来做决策？

第15课　团队成员的需求

运用团体动力学。

第16课　一锤定音

发出决策的信号并加强决策。

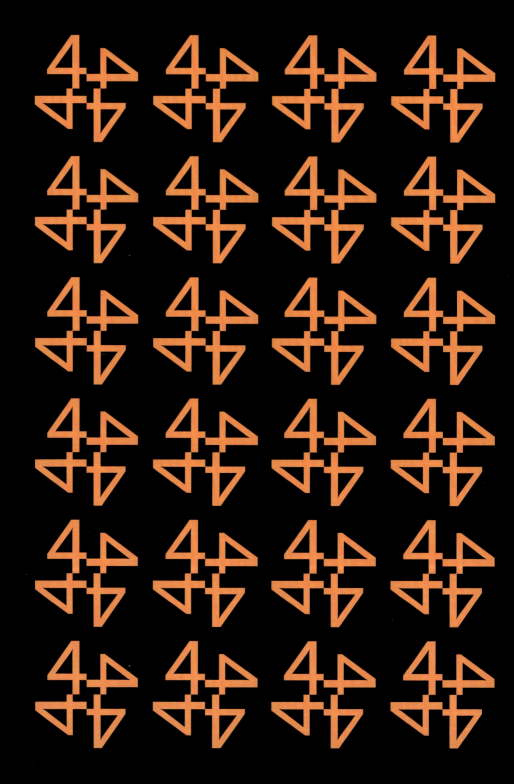

在问"我们怎样才能共同做出这项决策？"之前，我们首先应该问的问题是："我们应该共同做这项决策吗？"

人们总说，三个臭皮匠，顶个诸葛亮。但涉及决策时，这个道理一定是对的吗？如果这句话成立的话，同样的逻辑是否可以延伸到5个、8个，甚至800个人呢？

答案在于两种资产的分配，这两种资产是决策的关键：智慧和权力。智慧包括知识、技能、意识，或三者的结合。权力是指谁有权力做出或影响一项决策。

无论是智慧还是权力，都可以集中在一个人身上，或者分散在一个团体中。在处理同一项决策时，权力和智慧可能以不同的方式分配。一个人或许拥有决策权，但智慧可能存在于一个团队、一个社区或全体人民之中。反之，一个人可能拥有做决策的智慧，但需要服从于他人的权威。

在团体中做出更好的决策需要付出努力。第13课探讨了为什么与个人单独决策相比，团体共同努力做决策更好。第14课阐明了决策权如何在团体中转移，以及如何应对这种情况。在第15课中，我们将研究有效的决策团队需要什么，以及团体动力学的神秘力量如何增强或削弱团体的决策能力。第16课中，我们要应对的挑战是，在团队做出决策后，团队又成了个人的集合体，此时，如何最大限度地提高决策实际执行的机会。

因此，在问"我们怎样才能共同做出这项决策？"之前，我们首先应该问的问题是："我们应该共同做这项决策吗？"

第13课　集体的智慧

如果一辆抛锚的汽车需要被推到路边，有几个帮手是件好事。当然，如果帮忙的人超过了一定数量，就很难协调众人工作。那些喜欢自作主张的人认为，让更多的人参与一项工作就如同让大家站在汽车的四面向里推一样。人们的力量会互相抵消，所有人都汗流浃背却徒劳无功。

但是，如果一个团队配合默契，它可以成为一台强大的决策机器。詹姆斯·索罗维基（James Surowiecki）在他的《群体的智慧》（*The Wisdom of Crowds*）一书中证明了这一点，并举了一个19世纪英国农村的例子。

英国统计学家弗朗西斯·高尔顿（Francis Galton）爵士参观了一个乡村博览会，博览会上举行了一场猜测一头牛重量的比赛，高尔顿对800名参赛者进行了分析。因为高尔顿一直相信少数精英阶层的优越性，所以他预计比赛中普通人猜测的重量会和牛的实际重量相差很远。但他

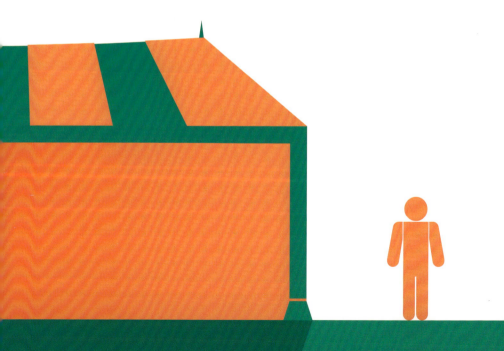

惊讶地发现，普通人猜测的中位数与牛的实际重量1198磅（1磅≈0.91斤）相差不到1%。更让他吃惊的是，对所有人猜测的平均数进行计算后得出的数字是1197，比任何一位参赛者都更接近正确答案。

高尔顿总结说，他的实验指出了"民主判断的可信度"。这句话很好地总结了许多市场和政治制度背后的基本原理，即相信"群众"，把决策权托付给群众。或许你的身边并没有这样一群人，但如果一项决策的执行需要其他人参与，甚至如果其他人只是提供相关的知识或意见，那么让他们参与决策便是合理的。

令人感到讽刺的是，高尔顿本人恰好领导着一项运动，这项运动的主张是让群体拥有决策权会带来巨大的危险。这些危险包括"群体思维"，即对达成共识的过度渴求会导致错误的发生。在极端情况下，这可能会形成"暴民统治"。从历史上看，最糟糕的例子莫过于鼓吹一个群体相对于其他群体具有先天优势。自第二次世界大战以来，这种主张已经为人不齿，而打着"优生学"的旗号，给它们披上科学语言外衣的人，也落得了声名狼藉的下场。这个学说的创始人正是高尔顿。然而，在是该独自做出决策还是让其他人参与进来的问

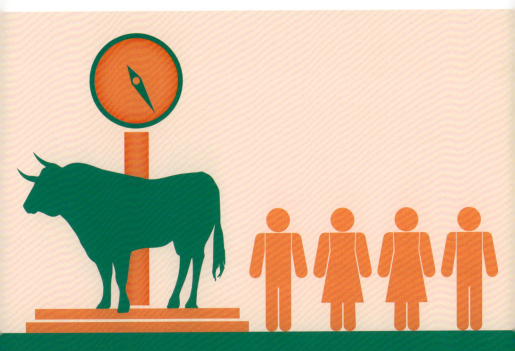

题上，高尔顿在乡村博览会上发现的深层次因素依然值得我们去探究。

我还是我们

詹姆斯·索罗维基认为，在猜牛体重的比赛中，参赛者作为一个集体的有效性基于以下3个关键因素。

第一，每个参与活动的人都有共同的目标，即对一个明确的问题做出正确的回答，而且因为参与活动必须支付6便士，所以人们没有理由不认真思考。第二，每个人都做出了自己的独立决策。只有当这些决策被汇总在一起时，"群体的智慧"才会显现出来。第三，每个参与者都可以直接和平等地获得可用的数据（在这个例子中，便是能观察被猜的牛），并能做出自己的判断。

当我们有机会与他人一起做决策时，很少能完全具备以上3种条件。然而，在判断是否要让更广泛的群体参与决策时，这些条件构成了非常有用的检查清单。

（1）团队成员对要求他们所做决策的事情在多大程度上有共同理解？

（2）团队成员在多大程度上被激励对决策给予最大的关注？

（3）每位团队成员是否可以拥有或能够形成自己的观点？

（4）团队成员在做决策时可以利用的数据有多少？

如果以上问题的答案都是负面的，而你仍然希望或需要让团队参与决策，那么在做决策之前纠正这些因素将为你节省时

间和避免"重复性劳动",并提高决策的质量。

即使以上问题的所有答案都是肯定的,并且你相信团队有足够的智慧,结果也可能会因为与权力有关的问题而偏离方向。

想象一下,在乡村博览会上,随机挑选8名参与者组成"代表团"代表所有参与者提出一个猜测。"代表团"一旦组建,等级制度便形成了,这能不能反映出每个人的判断能力姑且不论,但肯定会立即影响到谁能参与对话以及在对话中所占的分量。此外,没有被选中的792人可能会对那些被选中的人的资格产生怀疑,并质疑他们代表整个团体的合法性。

权力分配与团体的智慧同等重要,二者都决定了一个团体的决策效率。因此,

在我们的检查表上还可以增加两个问题:

(1)大家是否公认该团队有权力代表大家做出决策?

(2)所有的团队成员是否都想做出自己的全部贡献,并允许其他人也这样做?

理想情况下,我们会在选择是否作为一个团队工作之前回答这些问题。然而,现实情况是,许多团队的决策产生于既定的结构和体系中。如在家庭成员或管理团队中,团队共同决策是常态。

这并不意味着我们要把关于智慧和权力的问题清单抛在脑后。恰恰相反,这些问题可能会变得更加重要,它们能帮助我们做出正确的选择,以达到最理想的结果。

第14课　分享权力

当需要团队协作时，改变权力分配的方式可以带来更好的决策。无论你是坐在公司会议室的桌子旁，还是坐在家庭的餐桌上，都是如此。

你可能会说，我们在独掌权力或分享权力方面的选择受制于我们在既定等级制度中的位置，以及其他人如何看待我们。这并没错，但重要的是要记住，权力和权威并不是一回事。大多数组织和社会都是围绕等级制度建立的，其目的是为特定的角色授予一定的权威。但是，仅仅因为某人在一个团体中拥有官方认可的权威，并不意味着他能够或应该行使最大的权力。权威通常是明确被授予的，但权力可以在不同的方向流动。

下面的练习说明了权力动态、流动的

＋　练习

设计一个简单的办公室场景作为舞台布景，舞台上摆着桌子、椅子等。让1号人物成为舞台上的演员，令其占领整个空间。而演员的任务是让人觉得这是他的地盘，他是负责人。

2号人物上场。他的任务是立刻成为该场景中最有权力的人。他可以通过自信地走到1号人物对面，坐在椅子上，把脚放在桌子上来展示这一点。

3号人物带着同样的任务上场。他可以走到离坐着的2号人物很近的地方，居高临下地命令2号人物把脚从桌子上拿下去，从而显示自己的权力。以此类推，接下来上场的每个人都必须成为房间里权力最大的人，同时从其他人手中夺走权力，并将其据为己有。

性质。

　　就像可以夺取权力一样，你也可以分享权力，或者把权力交给另一个人或分散至整个团队中。与之前的练习相比，当权力被分享时，它显然不再是一种有限的资源。在权力有限的情况下，一个人拥有更多的权力意味着其他人拥有的权力会自动变少。一个优秀的领导者可以授权他的团队成员自行决策，而这种做法实际上会让

他看起来更有权力。

　　如果观察能有效决策的团队，你会发现，对于谁能参与以及如何参与决策，大家有清晰的认知并且氛围和谐。也许没有任何成文的规定，但成员之间仍然有一种默契。每个人都接受权力分配的方式，以及权力在团队内流动的方式。当你观察团队成员时你会发现，在任何时刻，权力都分布在团队负责人、团队成员，或在两者

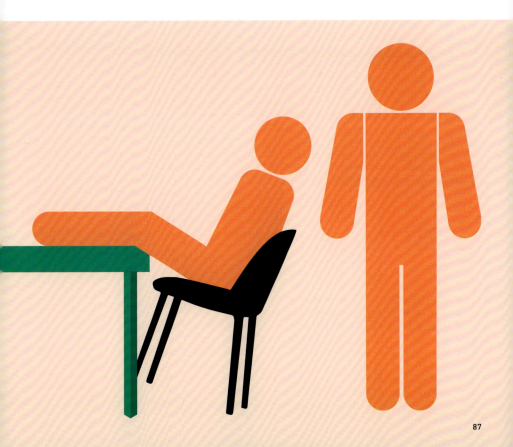

  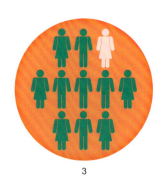

1   2   3

之间。

谁在负责

团队负责人可以基于以下 3 种基本的权力分配模式开展工作：

1. 我说了算

团队负责人代表整个团队做出决策。

2. 我们共同决策

团队负责人与成员一起做出选择。

3. 你们说了算

团队成员做出决策。

"我说了算"是许多团队负责人的默认模式。这通常是一种有效并且高效的工作方式，而且团队成员通常尊重那些代表他们做决策的领导者。然而，如果团队需要掌握决策权，并通过合作或自主工作来执行这些决策，此时，运用"我说了算"的模式会使团队成员处于被动的状态。转变为"我们共同决策"或"你们说了算"的模式，使团队成员有机会行使选择权。一旦团队做出决策，成功实施和贯彻决策的可能性就会增加。

当然，分享权力也会带来挑战。成员可能持有不同的观点，而且很难调和，或者根本没有时间让每个人都参与决策。

有经验的团队负责人知道何时运用技巧能够使成员认为自己是决策过程中的积极参与者，而实际上他们只是被告知决策

	我说了算	我们共同决策	你们说了算
（1）在我们继续之前，让我们先讨论一下……	内容 过程		
（2）根据我们之前的讨论，我列出了一些讨论要点。我们一起来研究并决定哪些是需要处理的内容。	过程	内容	
（3）我们需要制订行动计划来实现这三个关键目标。我们可以分成小组或单独讨论哪种方式对达成目标最有效。	内容	过程	
（4）请写下对我们来说最重要的两个问题，然后我们将这些问题进行分组，并决定优先解决哪个问题。	过程		内容
（5）你们已经确定了需要决策的问题。你们打算如何处理这些问题？			内容 过程

的一方。你可以将内容（讨论的事项）的管理与过程（会议的组织方式）分开，从而实现这一点。通过综合运用权力动力学，你可以同时做到具有指令性（我说了算）和包容性（我们共同决策或你们说了算）。

在上面的做法中，只有第一个团队负责人"告知"了成员内容和过程是什么。余下的做法都涉及了部分权力的分享。

你可以说，邀请团队成员参与决策过程并没有给他们真正的权力。然而，这里重要的不是决策的内容，而是团队负责人在邀请成员共同参与时，团队成员所感受到的真诚度。这可以激发团队成员的积极性，即使决策的内容事先已经确定。团队成员的感受和团队成员的想法一样重要。这就是为什么我们需要对团体动力学有一定了解，并需要积极关注团队成员的需求。

当涉及决策

的智慧真的

人的智慧吗？

时，两个人
能胜过一个

第15课　团队成员的需求

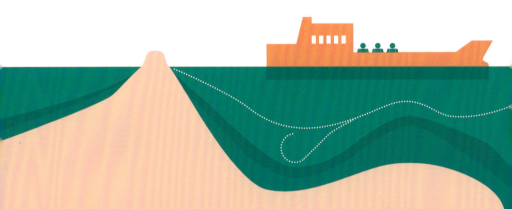

团队协作不仅对人类发展至关重要，对我们自身的生存也是必不可少的。这世界危机四伏，而其中一些危险只能通过合作才能避免。但是，团队本身也会感到危险，一旦引发焦虑，团队成员的行为或许会走向建设性的反面。

一个成功的决策团队和一个习惯性犯错或无法达成一致决策的团队之间的区别往往很难界定。同一个团队可以在高效和看似功能瘫痪之间瞬间切换。这些转变背后的原因便是团体动力学。我们可以把团体动力学比作海面下的礁石或沙坝，它们不易被发现，但如果在航行时不知道如何避开它们，便会遭遇灭顶之灾。

1961年，威尔弗雷德·鲁普莱希特·比昂（Wilfred Ruprecht Bion）在他的作品《比昂论团体经验》（*Experiences in Groups*）一书中，非常清晰地描绘了团体动力学。比昂曾在第一次世界大战中作为坦克部队的指挥官参战，并在第二次世界大战中治疗受伤的士兵，他对团体在极端压力下如何运作有着相当丰富的经验。作为精神分析学家，他认为即使在风平浪静的日常情况下，也可以观察类似的团体运作模式。通过研究这些模式，他发现团体中出现的某些思想行为与单独个体的想法或感受无关。团体动力学会促进一致的行为模式的产生，而不管团体成员的

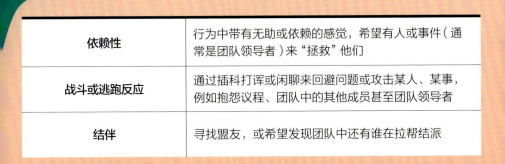

依赖性	行为中带有无助或依赖的感觉，希望有人或事件（通常是团队领导者）来"拯救"他们
战斗或逃跑反应	通过插科打诨或闲聊来回避问题或攻击某人、某事，例如抱怨议程、团队中的其他成员甚至团队领导者
结伴	寻找盟友，或希望发现团队中还有谁在拉帮结派

文化背景或人格类型如何。

比昂明确主张，在某一特定时刻，任何团体要么专注于其"工作"模式（即做出决策），要么在无意识地抵抗焦虑。他描述了3种可观察到的行为模式，这些模式表明一个团体不在"工作"模式中。

准确来说，这些行为并非代表着不安全感，而是针对不安全感做出的反应。它可能是由任何感觉或事件引发的，其中一些可能源于团队之外，但个别团队成员将其带入了团体内部。

学会发现这些信号，并帮助团体克服焦虑，是有效决策的关键。在此过程中，你可能会遇到团队冲突的惊涛骇浪，因此，你必须进行适当的自我保护。

冲突的价值

与数以千计的团队合作的经验让我意识到，对于任何在团体动力学的礁石和暗流中航行的人来说，"潜水服"都是一件必不可少的装备。

在谈论团体动力学时，经常会用到天气和水的比喻，这并非偶然。当一个团队内部的事情变得棘手时，往往会一发不可收拾。最著名的团体理论之一，布鲁斯·塔克曼（Bruce Tuckman）提出的"团队发展的五个阶段"是一个绝佳的例子。塔克曼的核心观点是，在试探性的组建期（Forming）之后，团队成员一定会产生冲突，或者至少会产生风格、观点或个性的碰撞从而到达激荡期（Storming）。之后，团队成员才能稳定地认可其运行规则，进入规范期（Norming）。最终，团队成员完全处于工作模式也就是进入执行期（Performing）。而当任务结束，团队解散并进入休整期（Adjouring）。

把冲突看作实现团队成效的必经之路，将有助于你冷静地应对冲突。重要的是，你要避免卷入其中。这就是"潜水服"的作用。你并没有脱离团队，你仍是团队成员之一，因此，团队内部任何涌动的情绪都会将你包裹其中。如果你没有自我保护，很可能会形成与团队其他成员类似的反应，如产生依赖性、产生战斗或逃跑反应、寻求结伴。这意味着你将无法帮助团队顺利度过激荡期，进入执行期。解决之道在于既身处于团队之中，又保持一定的距离，这样做能够使你更清楚地看到什么东西能帮助团队前进。

因此，当冲突出现时，不要先感到焦虑或尴尬，而是简单地承认它的存在——"是的，我们意见不合……"——这样做表明了发生冲突是一件正常且有益的事情。如果我们没有介入，团队中暗藏的焦虑水平可能会增加，团队成员会越来越失去工作状态。一旦团队成员意识到了冲突和碰撞是正常的，就不可避免地会有不同的观点，他们就可以继续向前看。

制作一件好的团体动力学"潜水服"所需的材料与有效制定战略所需的方法非常相似（见第3章）。当感到焦虑时，团队成员可能很快就忘记目标（"北极星"），或者背上"包袱"。保持自己对这一点的清醒认识将有助于你正确看待事物，并为自己提供一道保护屏障，防止被团队内部的负能量和情绪所湮没。

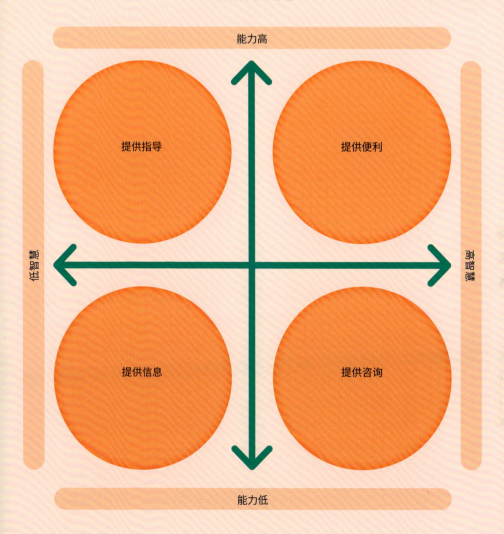

也许在穿着"潜水服"时,你所能获得的最重要的领悟,是哪种领导风格或方法最有效。评估这个问题的方法与团队成员的能力水平和智慧水平有关。如果团队成员两者都有,那么你只需要最小的投入便能为他们提供便利。如果团队成员两者都不具备,那么你就需要向他们提供信息,直到你确信团队成员明白自己要做什么。如果团队成员只是能力很强或只是富有智慧,而不是同时拥有两者,那么为他们提供指导或咨询可能是最有用的方法。

第16课 一锤定音

给出明确的信号是团队决策中的一个非常重要的部分，它表明决策已经做出。这个信号代表了决策过程的结束，而最有力的信号具有象征性。

我们可以观察公开做出决策的非常典型的地方之一——拍卖会。尽管每个人都在对是否出价以及出多少价做出自己的判断，但人群的集体行动将决定最终的价格，以及由谁来支付。

一个优秀的拍卖师知道如何调动和吸引整个房间里的人。他们的语言非常生动，其目的在于造势，使出价尽可能快地上升。艺术品或古董拍卖会通常非常优雅，但农产品拍卖的场面往往更加热闹。参与者往往很熟悉自己的竞价对手，因此人们都能接受适度的喧闹，甚至期待这样的场面发生。

综合来看，所有这些都是造成混乱的根源。但拍卖师有一件秘密武器：拍卖槌。拍卖师可以在竞标者喊出价格时用手柄指向他们。然后，当没有人再出价时，拍卖师会用拍卖槌敲击一个硬面，从而产生洪亮的声音。这种效果既是声学上的，也富有象征意义。在那一刻，竞标确定无疑结束了，交易已经达成。就像扎破气球一样，人群中积聚的能量消散了，而与会者也准备好了迎接下一件拍卖品。

一个好的决策由数据、观点和论据构成

一个团队做出决策需要所有参与者达成一个统一的观点。团队成员可以在辩论中表达不同的意见，但在某一时刻，团队需要达成共识。虽然敲击木槌可能有点不合时宜，但你可以向团队成员表示祝贺，或者在团队讨论下一个议题之前稍事休息。这标志着决策已经做出，并且表明，辩论和思考的时间已经结束，达成共识和一致行动的时间已经到来。

身体暗示和肢体语言

如果一项决策的形成过程是"<=>"的（见第2章），那么团队领导者的一个重要作用就是让成员清楚地知道他们正处于哪个阶段。光靠嘴说是不够的，人们对能量信息的反应比对语言信息的反应强烈得多。那么，该如何传递正确的信息呢？最有效的方法是使用肢体语言。那么，什么又是最有效的肢体语言呢？决策的形成过程可以给我们一些启发。

为了形象地说明这一点，让我们想象一下，我们的任务是指导一个团队进行决策，团队成员可能是家人、同事或其他任何人。现在，这个团队正围坐在一张桌子前。

想象自己坐在一张桌子前，众人围坐在桌子旁。当你身处决策的不同阶段时，看看自己是否能激发适当的能量。

第一阶段——发散阶段，将身体坐直，手臂放在桌子上，手掌向上，双手比手肘稍稍分开，形成一个"<"的形状。这时，你向团队成员发出的能量信息是："我的心态是开放的，欢迎大家献言献策。我将拓展讨论的领域，希望能更多地听取大家的意见。"

第二阶段——涌现阶段，身体稍稍后仰，你可以靠在椅背上，但请依然保持警觉和挺拔。我们把肘部向后拉，双手朝下按在桌子上，手指直指前方，这样，我们的前臂和手掌就形成了一个"="的形状。这个姿势传递给团队成员的能量信息是："我的心态仍然是开放的，但现在关于讨论的内容已经有了边界。让我们研究、整合这些内容，看看会有什么结果。"

第三阶段——聚合阶段，呈现一种完全不同的气势和感觉。将身体略微向前倾，前臂放在桌子上，双手合在一起，手指相抵或交叉。这个姿势形成了">"的形状。一旦做出决策，我们要坐得尽量挺拔，保持手臂和手">"的姿势不变，但手掌要比出锐角三角形。在总结决策时，我们保持这个姿势，并尽量让话语简短、清晰且听起来有权威感。通过这种方式，我们完成了决策的过程。

工具包

13

　　团队可以成为强大的决策机器，但必须保证团队成员在充分知情的情况下能积极主动地参与其中，并能获得他们所需要的所有数据。只有这样，这台机器才能发挥作用。

14

　　有时，为团队提供指导是最好的方式；有时，更好的做法是与团队成员分享权力，或让他们自主决策，特别是当决策的执行需要团队成员积极参与时。

15

  如果一个团队的努力全放在应对或克服焦虑之上，那么这个团队就无法集中精力做出决策。无论你的正式职位是什么，你都需要适应你所扮演的角色，以帮助团队建设性地工作，从而达成决策。

16

  与口头表达的信息相比，团队对能量信息和象征性符号的反应更可靠。如果团队已经做出了决策，那么有明确的信号并加以强化很重要。肢体语言可以成为团队决策时的有力工具。

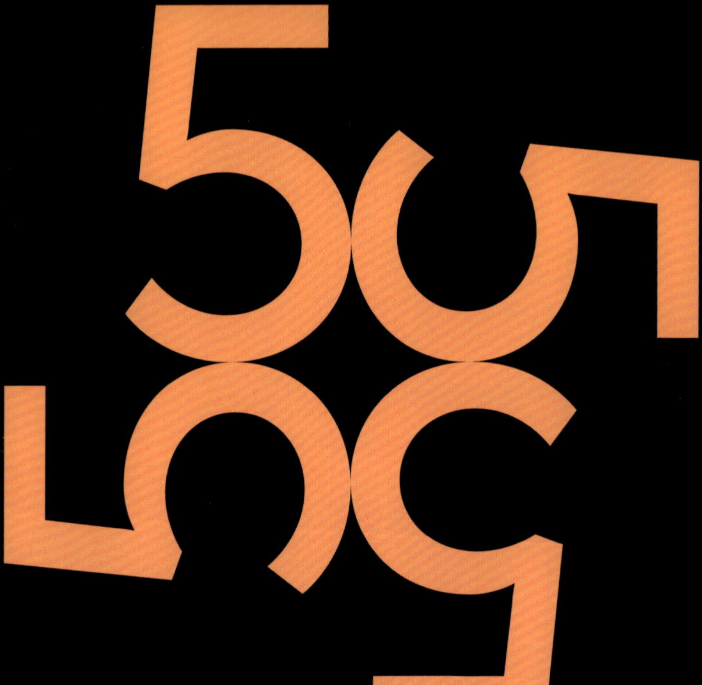

第5章

认识你自己

第17课　照照镜子

挖掘你自己隐藏的想法和感受。

第18课　无知的价值

接受自己的无知会有新发现。

第19课　决策的场所

做出决定的最佳地点。

第20课　超脱自我

同时使用理性思维、情感和直觉。

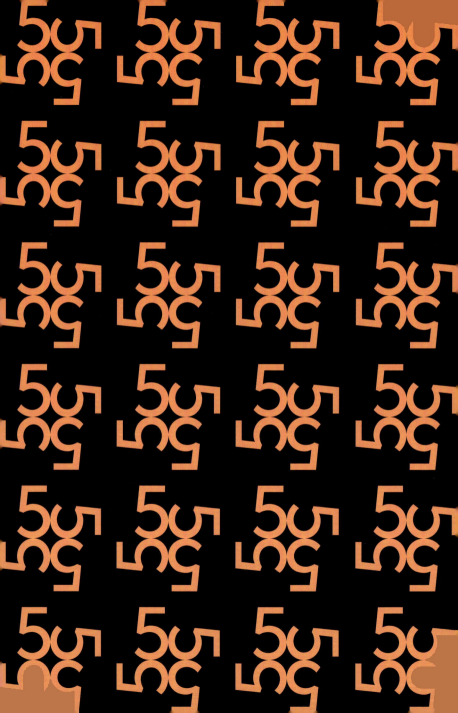

"照镜子"有很多好处。

　　一千多年来，许多面临重要决定的人都会长途跋涉到位于希腊德尔斐（Delphi）的阿波罗神庙（Temple of Apollo Epicuriusat Bassae）。这些人需要经受住旅途中的严酷考验，才能成功抵达神庙，之后会面临一系列的测试，最后得到大祭司的接见。大祭司也就是所谓的先知。前往神庙寻求指点的人络绎不绝，毕竟谁不希望得到真理和预言之神的指导呢？但先知每个月只有一天的接待时间，大多数人没有机会提出他们的问题。

　　在神庙的入口处刻有一句万能的箴言，任何拜访神庙的人都可以读到："认识你自己"，对于无缘得见先知的人来说，这也算是一种安慰。

　　但是，箴言或许也增加了人们的挫败感，因为它表明自省的力量比他人的建议更重要。

　　在本章中，我们的出发点并不是否认专家的价值，而是承认"照镜子"有很多好处。你越了解自己的动机、习惯和偏见，就越不可能作茧自缚（第17课）。你越是准备好批判性地审视你自认为了解的事，就越能清楚地看到其他观点（第18课）。加深你对环境的理解，将使你能够为自己的决策创造更好的外部条件（第19课）。把自己从对预期目标的思维定式中"解放"出来，将有助于看到新的可能性，甚至可以毫无压力地做出高风险的决策（第20课）。

第17课　照照镜子

我曾经参加过一个演员培训的自我提升研讨会。最难的练习是第一天晚上留的"家庭作业"，其内容如下：

本次研讨会的主题是你自己。因此，从现在到明天我们再见面讨论时，你的任务是认认真真地研究你自己。找一个安静的地方和一面镜子，设定一个5分钟的闹钟，在此期间，站在镜子前，好好观察自己。

第二天，大家的汇报表现出了相当大的差异性，但也存在着一些相同点。每个人体验的5分钟都无比漫长。许多人被自己与父母或其他家庭成员的外貌的相似度所震撼（有的令人愉快，有的则不然）。他们逐渐适应了皱纹和白头发的存在，一些人惊讶于自己表情中潜藏的信息。所有人都一致认为这种感觉很新奇，因为大多数人每天都照镜子，但几乎从来没有认真地、长时间地端详过自己。

在努力成为一个更好的决策者的过程中，"照照镜子"，审视我们自己存在的偏见和价值观是有好处的。我们也许会认为自己的决策只受相关事实的影响，但如果是这样的话，为什么不同的人在面对相同的数据时，往往会得出不同的结论呢？答案与我们对事情的不同看法和理解有关；与我们深层次的价值观和态度有关；与我们从自己的经历中吸取的教训有关。事实是，在任何决策中，最重要的因素是我们自己，但我们通常没有注意到这一点。

许多有价值的自我探索并非显而易见。为了获取它们，我们必须有意识地深入我们的思维，进行一次意识深处的探索。

内心深处

艺术家经常在有意识和无意识的交汇处获取灵感。萨尔瓦多·达利（Salvador Dalí）是这方面的杰出代表之一，他在创作时有意让自己处在半梦半醒的状态，从而使自己的无意识发挥作用。他的技巧是坐在椅子上，用一只手的拇指和食指夹着一把钥匙，在钥匙下方的地板上放上一个盘子。当他放松并开始进入沉睡状态时，手中的钥匙会掉到盘子上，发出的响声将他惊醒。然后，他就会在素描本上画出当

下浮现在他脑海中的图像。

　　相对简单但也许更可靠的方法是"自由写作"。朱莉娅·卡梅隆（Julia Cameron）在《创意是一笔灵魂交易》（*The Artist's Way*）一书中建议到：早晨醒来后，你应该尽快把想到的东西写在手边的笔记本上，并写满三页内容。诀窍在于全速书写，不要担心内容是否有意义，是否符合语法，甚至不要担心字迹是否清晰可辨。这些"清晨随笔"不是为了获得灵感（尽管也不排除这种可能），而是为了了解所有占据大脑空间的想法和感觉——不论是消极的还是积极的、重要的还是零散的。

　　连续几周每天写"清晨随笔"，有点像研究镜子里的自己。一段时间后，你会注意到自己所写的内容中反复出现的主题或惊人的现象：一项看似不重要的任务可能让你耿耿于怀；一个你以为已经忘怀的挫折可能仍使你痛苦不堪；你的内心深处封藏着一个你想要实现的志向或愿望。

　　不过，对于决策者来说，最有价值之处在于了解自己的意见和偏好：吸引你的是什么？让你感到厌恶的是什么？你害怕的是什么？你看重的是什么？这些因素可能不会帮你做出决策，但如果它们仍然隐藏在内心深处，就有可能会扭曲你对事情的看法和你对行动的判断。一旦你了解它们，你就可以将这些因素纳入决策之中。

　　你可以使用自由写作的技巧来处理一项具体的决策。为自己设定一个目标（即尽快写满三页纸），确定一个决定性的问题，然后不要多想，写下你想到的任何东西，哪怕是胡言乱语也行。当你写完后，把纸放在一边，几分钟后再阅读。之后，把这个练习当作在寻找想法或线索，而不是期待得到一个完全成熟的答案。运用这种方式，你或许会捕捉到一直深藏在你无意识思维中的相关想法。最有用的素材往往最后才会出现，因此要坚持住！

After often work at the ... ... consuming and ... ... one of the greatest ... all who ... his ... into play by ... have my between deep and wakefulness the techniques me to sit in a chair with a key held between the thumb and forefinger of one hand and a plate on the floor beneath it he ... ... and ... into ... at which point the key would fall onto the plate and wake him up he could then capture the ... ... in his ... at the moment in a ...

... ... and perhaps more relevant ... ... in his book the ... my ... ... as I ...

第18课　无知的价值

人们常常将科学家与知识捆绑在一起，但实际上科学家应该被看作"无知"的专家。因为科学家的大部分工作是研究他们还不知道答案的问题。同样地，决策者的大部分时间都花在做出决策之前。因此，我们需要提升自己对无知的容忍度，并认清已知的事情与我们自身之间的关系。

几年前，我为艺术界和银行业的一些团队组织了一系列的研讨会。参加这些研讨会的所有管理人员在各自的组织中都担任着相当重要的职务。

有一次，我在研讨会中引入了一个练习，旨在帮助参与者测试和梳理他们与"已知"和"未知"的关系。已知可以帮助我们树立信心、厘清思路和明确方向。未知则为探索和发现留下了空间，而且，从领导者的角度来看，这次练习也为团队成员提供了空间，使他们能够挺身而出、勇于担当。

在这次练习中，每个人一边四处走动，一边重复念"我知道什么"和"我不知道什么"，然后讨论这两句话在房间里产生的不同感觉和气氛。大多数人认为，"我知道"说起来更轻松，并产生了一种积极的感觉；

当他们说"我不知道"时，能量水平下降，许多人会避免目光接触或感到不安。然而，常常有一些人正好相反，他们不喜欢说"我知道"，反而在说"我不知道"时感到轻松和充满活力。

这一次，几乎所有来自艺术界的领导者都更能接受"我不知道"的话语。当我们讨论发生这种情况的原因时，他们表示，与艺术家合作时，灵活性和创造性通常比确定性更重要。

在进行同样的练习时，银行家很喜欢说"我知道"，但当他们说"我不知道"时，就显得抗拒。起初，他们不能接受在某些情况下说"我不知道"的做法可能是有利的。这并不难理解。从孩提时代起，你就不会因为让人看出你的无知而得到奖励。而在银行业这样的环境中，参与者认为说"不知道"意味着自取其辱，甚至自讨苦吃。

具有讽刺意味的是，这些研讨会是在2008年国际金融危机之后几个月举行的，而且当时导致金融危机的原因还没有被彻底弄清楚。当金融危机发生时，最令人震撼的发现之一，是银行业高管一直在兜售他们大多数人都不理解的产品和概念，但

他们都不敢承认这一点。他们对"我知道"的执念非常深，以至于他们对于一些问题的存在三缄其口，而这些问题本来有机会警示他们业务和宏观经济面临的风险。

采用"也许"的假说方法

即使你像艺术家一样，能坦然地面对无知，但是做决策仍然需要你经历从"我不知道"到"我知道"的过程，而最安全的路径是通过"也许"。

科学家清楚这一点，这就是为什么他

们的关键工具之一是假说演绎法，科学家将假说作为目前已知的东西通向未来可能被证明为事实的东西之间的桥梁。

采用假设性的"也许"的方法，使我们有机会在做出可靠的决策之前，预测许多可能的未来。政府、社区、商业和军事领域的优秀规划者会设计一些情景代表不同版本的未来。有人可能将此视为傲慢，但这种指责成立的前提是，未来只有一种可能。但事实上没有人能够知道未来是什么样子。

更通俗地讲，当有人问："可能发生的最理想的情况是什么样的？"时，他们是在请你用一种类似于情景模拟的方法来构思。当人们问"可能发生的最糟糕的情况是什么样的"时，反映了这样一个事实：即使是非常重要的决策也很少会带来生死攸关的结果。事实上，决策通常会带来正面和负面相结合的复杂结果。

"也许"一词有一个宽泛的范围。因此，有用的做法是摸清不同的选项。如果你把这一点与大多数决策都会有积极和消极后果的事实结合起来，就可以把它们标注在下一页的矩阵上。

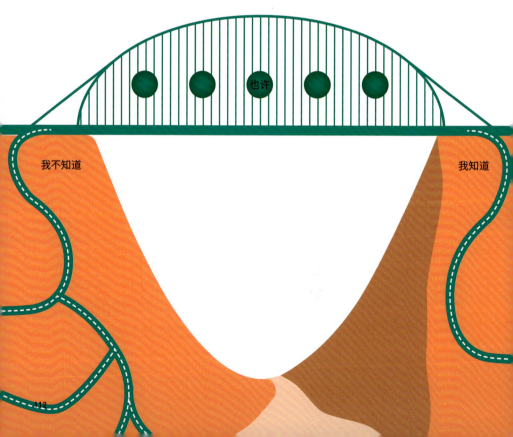

也许

我不知道

我知道

试试下面这种方法：从你的3项决策中选择一个，并预测2个可能的结果。现在，用不同颜色的笔，试着在每个方框中至少写出一个潜在的后果。根据决策的性质，你最终可能会选择避开"极有可能""最坏情况"两个象限的选项，即使这个选项也含有你想要实现的"最好情况"。无论怎样，这个练习提供了一个机会，让你去设想各种可能的未来。

这也意味着，在你实施自己的决策时，你已经想好了要留意哪些信号，以便评估你的决策是否有效或是否需要调整或修改。

在使用"也许"的假说方法时，明智的决策者会假定他写下的东西很少会完全按照预期的方式实现。承认这一点是一种力量，它反映了这样一个事实：我们不可能知道会发生什么。决策的做出通常只是一个起点，通过监测和预告即将发生的事情，有助于我们为下一个决策做好准备。

例如：我觉得自己工作的价值没有被认可。我应该怎么做？
决策1：要求老板加薪。
决策2：保持低调，希望有人能注意到我。

审视我
的偏见
观是有

们自己

和价值

好处的。

第19课　决策的场所

当朋友或同事面对改变人生的抉择时，我们可能不知道该如何帮助他们。即使我们对他们应该怎么做抱有一定的看法，但很明显，他们必须依靠自己做出决策。当事关重大时，明智的做法是问问自己，对于自己给出的建议，我们是否能够为可能发生的后果负责。即使我们小心翼翼地避免直接告诉他们该怎么做，我们的引导性提问或泛泛而谈（如"听从你内心的声音"）也可能会帮倒忙或妨碍他们正常思考。

然而，我们仍然真心希望能提供真正的、实质性的帮助，而不仅是走过场。

我们既要做到这一点，又要避免走入许多提供建议时的误区。其中一个可靠的方法是，不要关注待解决的问题，而是关注对他们最有利的环境。问一问："哪里是你做这个决策的最佳场所？"这样，我们就能给自己的朋友或同事一个机会，让他们

"照照镜子"，想想什么能帮助他们以最佳状态做出决策。我们可以通过提醒他们选择权在他们自己手中，赋予其力量。他们在考虑我们提出的问题时，可能会思考如何获得自己所需的信息和支持。

根据我问这个问题的经验，人们通常不会觉得得出答案很难。对于重大的决策，他们凭直觉就知道什么是最合适的。

当要做的决策比较常规时，这个问题

"公园散步"对于决策起到的作用不仅是提供合适的环境。在一对一的散步和谈话中，即使偶尔的沉默也不会让人感到不安，但如果你们是在面对面讨论的话，沉默就会造成尴尬。当二人同处于运动状态时，倾听和思考的质量都会提高。

实际上更难回答。当需要其他人参与决策时，回答也可能比较难。但这个问题仍然值得一问，它会让一个管理团队换个环境再组织决策会议，或者让一对已婚夫妇等到周末一起去公园散步时再做决策。

在哪里做决策

作为人类，我们容易受到周围环境的影响。零售商故意通过商店的装饰和布局，诱导我们购买更多的东西；监狱管理人员精心设计牢房和公共区域，以减少犯人之间发生冲突的可能性；交易大厅、教室和工厂的设计是为了使特定的任务得到有效执行。

如果被要求打造一个完美的决策环境，设计师会考虑各种变量，如光源（自然日光更有利）、噪声水平（自噪声胜过绝对的安静和过于吵闹）、色彩方案（黄色能激发人的创造力，绿色能让人心平气和），甚至天花板高度（天花板更高的环境适合做更抽象的或战略性的决策；天花板更低的环境适合做更具体、即时的决策）。

我知道你可能没有时间，也不打算粉刷墙壁，更不用说对工作室、厨房或你经常做出决策的地方进行结构性改造。但你应该多少有一些行动的自由，请找一个适合你做决策的地方，这可能会带来真正的改变。

那么，什么是做出更好决策的最佳环境呢？这取决于决策本身，但也取决于你自己。也许你是那种喜欢散步时思考的人；也许你只有处于高强度的刺激和巨大的压力感时，才能抓住问题的核心；也许你需要睡上一觉，或者去健身，去看电影，在一两个小时内暂时不去想决策的问题。

所有这些都是可以使用的方法，就像本书中的其他许多技巧一样，你时常会发现，只要问问自己"在什么地方有助于我做出这项决策"，一些想法和能量就会出现，你便清楚自己该怎么做了。

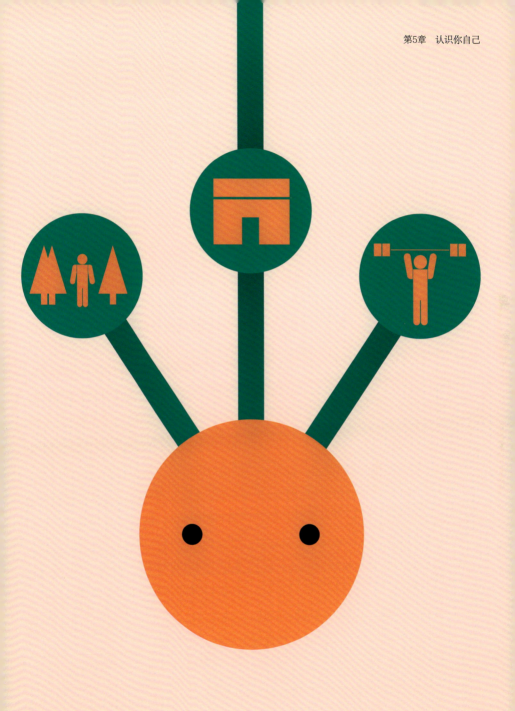

第20课　超脱自我

如果你希望在看完本书后，能够消除决策中的一切风险或不确定性，那你可能会大失所望。因为没有人能够预见未来。那些看似与你的决策无关的因素，可能会变成关键因素。人、组织、市场、家庭和大自然都会以不可预测的方式发生变化。

一般来说，当人类面对未来必然的不可知性时，会有以下两种反应：要么温顺地接受命运不掌握在自己手里，要么奋起扼住命运的咽喉。这两种反应看起来是截然相反的，但实际情况是，在这两种情况下，我们把决策权交给了未知的未来并为此着迷！

解决之道在于保持一种态度，这种态度不仅有助于你更好地做出决策，还能增强你的幸福感，甚至能延年益寿。这些好处有点夸大其词，但几千年来，哲学传统中反复提及的一种做法都印证了这一点，那就是：不执着。

理解不执着的最好方法之一是思考它的反面。执着是许多人类行为的强大驱动力，也是众多挫折、冲突和压力的来源。它包括坚持对一件事、一段关系、一个人或一个想法的特定看法，认为它是正确或错误的。

当我们执着于已经得到的东西时，我们试图"固化"它，使其永远停留在当下状态。但没有什么东西是永恒的，一切都在变化，因此这种做法注定不会成功。当我们执着于尚未拥有的东西时，这种态度激起了对拥有该东西的期待。即使我们最终得到了自己认为自己想要的东西，实际的体验也有可能与我们的期望不符。在这两种情况下，我们都注定会失望。

不执着并不是主张放弃。你仍然可以有一个强烈的愿望，做出一个大胆的决策，并全心全意地付诸行动。不同的是，一旦你付出了努力，你就不会再对你所期待的结果有所执念，而是变得好奇，观察接下来实际会发生的事情。这使你能够更充分地沉浸于当下，而不是试图抓住过往，或抓紧未来的东西。通过这种方式，不执着实际上可以帮助你在决策和行动中更加意志坚定和专心致志。

你的决策设备

在你读完本书时，或许已经发现自己不仅反应方式变得不同（或是有益的，或是无益的，或是耐人寻味的），身体内的反应

部位也有所不同。

在我们做决策时，我们的大脑、心灵和肠胃这三个部位也会发挥作用。这听起来可能像是隐喻的说法，但实际上表达的就是字面意义。位于人类肠道区域的神经元（神经系统最基本的结构和功能单位）比大多数哺乳动物大脑中的神经元要多。

如果我们的想法（大脑）、感觉（心灵）以及直觉（肠道）之间存在冲突，那么相应的身体部位也会有反应。然而，优秀的决策者明白，能够使用多种过滤器处理数据是附加好处。这就像拥有三个不同的应用程序或软件，我们既可以单独使用也可以综合运用它们。

为了利用它们的全部优势，我们需要熟悉人体的操作系统（Operating System），它使我们能够在任何特定时刻，识别交感神经和副交感神经哪一方面占主导地位，并在它们之间切换。这个操作系统就是自主神经系统，它负责控制我们的基本生理功能，如呼吸和心跳。它有两个系统：交感神经和副交感神经。由于各自带来的能量和节律差异巨大，这两种神经系统将深刻地影响我们可能做出的决策。

交感神经通常被称为"油门"。当交感神经被触发时，例如被我们认为具有威胁性的东西所刺激，我们的心率和呼吸会加快，肾上腺素会涌遍全身。而人类大脑中最古老的部分，即驱动我们最原始冲动的"爬行动物"的部分，会接管对身体的控制。

副交感神经是我们的"刹车"。当它开始发挥作用时，我们的视野会变得更宽，前额叶皮层会开始工作，这是我们大脑中管理判断、计划和形成动机的区域。

更好决策的关键往往在于能够"刹车"。是的，在无路可退的情况下，我们需要立即做出反应，此时"油门"可能是有用的。但是当一个人在做出困难的选择之前进行深呼吸时，他们所做的是很自然地调动更为庞大的副交感神经系统，使自己更复杂的能力得到发挥。

温迪·帕尔默（Wendy Palmer）结合了神经科学、正念和合气道（Aikido）的知识，开发了一种"定心术"，任何人都可以用它来调动自己的副交感神经系统。第一步是深吸一口气，然后长长地呼出。仅仅这样做就可以转移你的能量，使你有更好的决策能力。完整的技巧及其背后的科学在她与神经科学家珍妮特·克劳福德（Janet Crawford）共同撰写的《领导力体现》（*Leadership Embodiment*）书中有详细阐述。

让我们来练习温迪提出的定心术的第一部分，使你能从这本书中学到最重要的内容。

✚ 练习

（1）深吸一口气。

（2）再深吸一口气（比上次更深），这一次，想象自己把空气从体内排出（接下来的每一步中间都重复这种呼吸）。

（3）问问自己，作为一个决策者感觉如何？哪些因素激发了兴奋、紧张或任何别的情绪？

（4）对于你将有机会实践你所学到的各种情况，你的直觉是怎样的？

（5）你认为在做出未来决策时，自己必须记住什么？

还记得你在第1课中确定要做出的真实的决策吗，那些你希望本书能指导你做出的决策？既然这已经是本书的最后一课，现在，是时候回顾我们探讨的想法和技巧了，这些想法和技巧可能会影响你的实际决策。

工具包

___

17

　　在有效的决策中，自我意识是非常重
要的。使用一些技巧来发现自己隐藏的想
法和感受，可以防止你陷入自欺欺人或重
复旧习惯的状态中，并找到决策所需要的
线索。

___

18

　　坦然接受"不知道"，可以为新的想法
打开大门，或者对你所拥有的数据有更客
观、公正的见解。与其在"不知道"的状态
下仓促得出一个确定的结论，不如尝试提
出不同的假设，看看哪个假设最有效。

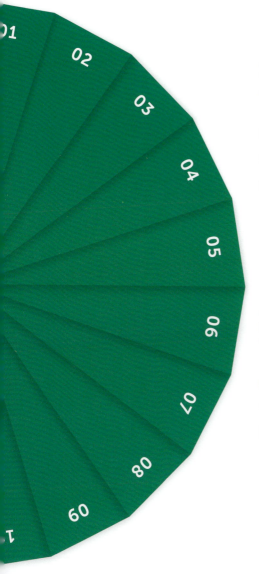

19

　　你做决策的地点或环境会对决策产生积极或消极的影响。在做出一项困难的决策之前,思考一下做决策的最佳地点可能会有所帮助。

20

　　如果你对一个特定的结果有执念,那你可能会大失所望。放松和放手并不意味着不关心,相反,它可以使你在理性思考的同时借助自己的情感和直觉。

参考阅读

《第五项修炼》（*The Fifth Discipline*）

彼得·圣吉（Peter Senge）（企鹅兰登书屋，2006）

《对话》（*Conversation*）

西奥多·泽尔丁（Theodore Zeldin）（哈维尔出版社，1998）

《六顶思考帽：如何简单而高效地思考》（*Six Thinking Hats*）

爱德华·德博诺（Edward de Bono）（1985；企鹅出版社，2009）

《全胜：复杂时代领导者需要的视野》（*The Rules of Victory: Strategies from The Art of War*）

詹姆斯·吉米安（James Gimian），柏瑞·博伊斯（Barry Boyce）（Shambhala 出版社，2008）

《U 型理论：感知正在生成的未来》（*Theory U: Leading from the Future as it Emerges*）

奥托·夏莫（C. Otto Scharmer）（SoL 出版社，2007）

《大空头》（*The Big Short*）

迈克尔·刘易斯（Michael Lewis）（Penguin 出版社，2011）

后 记

　　一个接着一个地做出决策，是人类生活和学习的核心。如果你注意观察一个蹒跚学步的孩子全神贯注地将合适的积木放入玩具板上的星形、圆形、方形或三角形的孔中，那么你会看到他其实是在用一块又一块不同形状的积木做尝试。这就是体验式学习，其重要性一直会伴随我们长大成人。体验式学习要求我们首先采取行动，然后检查我们的行动及其效果，再计划下一步该怎么做。

　　世界上许多团队和组织都采用了基于日本的"持续改善"法（Kaizen）——持续改进制定的原则，这些原则基本上都致力于相同的循环：计划（确定你的挑战）、测试（尝试可能的解决方案）、检查（研究结果）、行动（实施最佳解决方案）、再次计划（确定你的下一个挑战），以此循环。

　　这种观点非常重要，因为它可以为你减轻一些决策的压力。的确，有些决策一经做出，就确定了方向，不可能有任何偏差或退路。不过，这样的重大决策并不常见。实际上，我们可以随机应变。有些事情可以被决策，甚至可以盖棺定论，然而接下来又会生变，需要我们做出进一步的决策。

　　本书想要表达的最重要的观点是，通常情况下，最好不要急于做出决策，除非你心意已决。但同样重要的是，我们要承认有时你只需要采取行动，做出选择并看看会发生什么，因为你知道日后还会有更多决策的机会。

　　如果是和团队共事，共同决策并贯彻执行，可能不只是建立信任和提高绩效的最有效方法，或许还是唯一的方法。

　　个人的决策塑造了生活，集体的决策塑造了世界。这就是为什么我们需要认真

通常情况下，最好不要急于做出决策，除非你心意已决。

思考如何处理和执行这些决策。为了避免妄自尊大，或对特定框架、理论和方法过度依赖，我们可以采取预防措施，例如保持好奇心和谦逊。两岁的孩童也可以成为我们的行为榜样，我们从他们身上可以更直接地学到最强大和最有效的方法——保持一颗快乐的童心。

但愿本书中的观点和练习能让你有快乐的体验，许多观点和练习都是我多年来一再重温的，这些观点和练习在不断地改进，持续为我的决策和我对周围世界的理解带来启示。希望其中至少有一些内容会以同样的方式为你所用。希望你不仅能够学以致用，而且在开始做出更好的决策时，能够根据个人情况改进这些工具和技巧。

作者简介

克里斯·格兰特

　　主讲人、顾问，曾与约1500个领导团队和运营团队合作，曾帮助英国国家运动队为赢得欧洲锦标赛做准备，曾主持2012年英国伦敦国际灵感基金会的董事会会议（Meetings of London 2012's International Inspiration Foundation）。他是英国体育局精英计划（UK Sport's Elite Coach Programme）的首席导师，通过该计划，克里斯与世界一流教练有着紧密合作。

自我提升系列图书

ISBN：978-7-5046-9633-5

ISBN：978-7-5046-9627-4

ISBN：978-7-5046-9903-9

ISBN：978-7-5046-9975-6

ISBN：978-7-5046-9974-9

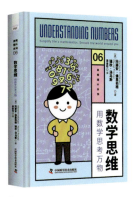

ISBN：978-7-5236-0044-3

ISBN：978-7-5236-0045-0

推荐阅读

◆ 岸见一郎·勇气系列 ◆

活在当下的勇气
ISBN：978-7-5046-9021-0

爱的勇气
ISBN：978-7-5046-9237-5

◆ 畅销书作者系列 ◆

可是我还是会在意：摆脱自我意识过剩的8种方法
ISBN：978-7-5046-9602-1
作者：和田秀树

好习惯修炼手册
ISBN：978-7-5046-9579-6
作者：桦泽紫苑

◆ 大众科普书系列 ◆

身体的秘密
ISBN：978-7-5046-9700-4

睡眠之书
ISBN：978-7-5046-9601-4